Juan León Mera

# NOVELITAS ECUATORIANAS

Introducciones de Hernán Rodríguez Castelo
y Andrés Landázuri

**ARIEL**

CLÁSICOS
ECUATORIANOS

Título original:
*Novelitas ecuatorianas*
Juan León Mera

Texto original:
© 1971-1973 • **ARIEL** • **CLÁSICOS ARIEL** •

Tercera edición © 2018 • **ARIEL** • **CLÁSICOS ECUATORIANOS** •
Calle Nueva Ventura Aguilera N58-102 y Juan Molineros
Telf: 328 4494 / 328 1868
e-mail: editorial@radmandi.com
www.radmandi.com
Quito - Ecuador

**Coordinación general:** Lucas Marcelo Tayupanta
**Dirección editorial:** Sandra Araya
**Diseño y diagramación:** Viviana Vizuete Añasco
**Ilustración:** Paola Karolys Torres, Gabriel Karolys Torres
**Ilustración portada:** Nelson Jácome
**Corrección de estilo:** Marcelo Villamarín Carrascal, Jonathan Tayupanta
Cárdenas

**ISBN:** 978-9978-18-232-1

**Impreso por:** Talleres Editoriales Radmandí
2018

CONSEJO EDITORIAL DE HONOR

Benjamín Carrión

Julio Tobar Donoso

Demetrio Aguilera Malta

Augusto Arias

Carlos Manuel Larrea

Angel Felicísimo Rojas

PUBLICACIONES EDUCATIVAS ARIEL rinde homenaje a la Cultura Nacional con lo que creemos sinceramente, constituye el mayor esfuerzo editorial ecuatoriano de todos los tiempos: la Biblioteca de Autores Ecuatorianos de Clásicos Ariel.

Cien libros cuidadosamente seleccionados, bajo la asesoría invalorable de nuestro Consejo Editorial de Honor, a cuyos miembros reiteramos nuestra imponderable gratitud, dan la visión más completa de la Cultura Ecuatoriana, desde la Colonia hasta nuestros días.

Esta biblioteca viene a responder a la necesidad imperiosa del pueblo ecuatoriano de poder conocer las grandes obras de sus mejores autores.

Juan León Mera

# JUAN LEÓN MERA
## PADRE DE LA NOVELA REALISTA ECUATORIANA

La novela ecuatoriana comienza con Juan León Mera;[1] pero no, por paradójico que suene, con *Cumandá*, la cifra mayor de nuestro romanticismo, sino con otras obras suyas lamentablemente harto menos conocidas que el romance selvático, y que ahora esta Biblioteca de Autores Ecuatorianos de Clásicos Ariel entrega en edición que reproduce íntegra la primera, de 1909: las *Novelitas ecuatorianas*.[2]

Resulta sobremanera sugestivo sorprender en Mera la aparición de nuestros primeros brotes realistas, al tiempo que en todo el mundo hispanoamericano la novela se abría a horizontes de realismo, liberándose —e integrándola en buena parte— de la poderosa cuanto vaga herencia romántica.

Fernán Cabañero (1796) había abierto la puerta al realismo hispánico, en pleno romanticismo, con su *La gaviota* (1849) y sus *Cuadros de costumbres populares andaluzas* (1852); Pereda, casi estrictamente coetáneo de Mera (Pereda nace en 1833; Mera el 32), había dado el paso definitivo con sus *Escenas montañesas* (1864), a las que seguiría toda una vasta e importante producción de realismo rural.

En Sudamérica el primer grito de realismo lo da, por una de esas ironías de los vaivenes literarios, precisamente el epónimo de la que Anderson Imbert considera la única generación claramente romántica de la literatura hispanoamericana:[3] Esteban Echeverría (1805). Su cuento *El matadero* (escrito entre 1838 y 1840),[4] vigoroso cuadro de costumbres y acre página de literatura política, bien puede tenerse por la primera obra del realismo americano en el sur.

En Centroamérica también se anuncia temprano el realismo con una página brillante: *Cecilia Valdés* de Cirilo Villa-

9

verde (1812), la mejor novela cubana del siglo XIX (vio la luz en 1839 su primera parte y la segunda en 1882).

Y para completar el cuadro de los grandes precursores, hay que volver a la Argentina: a Domingo *Faustino* Sarmiento (1811) y su descomunal Facundo; obra que violenta todos los géneros y es tan realista como un ensayo sociológico, como una severa biografía, aunque en su interior arda exaltada pasión romántica.

(En cuanto a la primera novela americana, *El Periquillo Sarniento* (1816), su realismo es prerromántico y emparenta con el realismo de la picaresca del dieciocho —Lesage, Isla—).

A los precursores seguirán gentes de la generación de Mera que tentarán ya de propósito el realismo, partiendo desde el estadio primerizo de los «cuadros de costumbres», como los mejicanos Ignacio Manuel Altamirano (1834) con *La navidad en las montañas* (1871) y Juan Díaz Covarrubias (1837) con *El diablo en México*, a la que subtituló «novela de costumbres»; el boliviano Julio César Valdés; toda la serie de costumbristas colombianos (Borda, Silvestre, Carrasquilla). Y figuras ya logradas del realismo americano entre las cuales la mayor es el chileno Alberto Blest Gana (1830) que hizo obras de la magnitud de esa gran epopeya nacional y realista que es *Durante la reconquista* (comenzada en 1864).

En este paisaje literario se sitúa Mera, y no parece aventurado figurárnoslo leyendo, él que siempre fue insaciable e inquietísimo lector, escritos que le traían soplos del viento realista. Por poner un ejemplo, es de lo más verosímil que hubiese llegado a manos del ambateño *La familia de Alvareda* de Fernán Caballero, autora de éxito, casi de moda, y en su prólogo habría dado con el manifiesto claro y terminante: «No aspiramos a causar efecto, sino a pintar las cosas del pueblo tales cuales son: no hemos querido separarnos un ápice de la naturalidad y de la verdad».

Mas, hayan sido cualquiera sus lecturas o contactos con el realismo inminente, ello es que para 1872 Mera daba a la estampa, como folletón de la «Prensa» de Guayaquil, su novelita *Los novios de una aldea ecuatoriana*. Solo apareció una parte del relato aquel, y según cierta tradición habríase debido la interrupción a que el autor se habría asustado de haber ido tan lejos en su realismo, pero la primera palabra realista se había dicho en nuestra literatura y Mera volvería años más tarde al empeño con toda una serie de novelas, las que el lector hallará en este volumen.

## NOVELITAS ECUATORIANAS

Tres pequeñas novelas componen el tomo que vio la luz en Madrid, en 1909: *Entre dos tías y un tío*, que lleva como epígrafe «costumbres y sucesos de antaño en nuestra tierra», de clara alusión al costumbrismo en boga, y que alcanza 75 páginas; *Porque soy cristiano*, relato hecho, casi por partes iguales, de reconstrucción de circunstancia histórico-social y de intención moralizante, y que comprende 58 páginas; y *Un matrimonio inconveniente*, cuyo epígrafe de «Apuntes para una novela sicológica», nos hace pensar en nuevos influjos y nuevas inquietudes de nuestro novelista, y que tiene 88 páginas. Completan la entrega tres relatos cortos, casi cuentos: *Historieta, Un recuerdo y unos versos* y *Una mañana en los Andes*.

Capítulo aparte en la producción relatística de Mera es *Un matrimonio inconveniente*, y bastaba ya el epígrafe para ponernos sobre aviso: «apuntes» y «novela sicológica», son dos claras alusiones al experimento, a la novedad que el mismo Mera anunciaba en su trabajo. De dónde le hubieren llegado a nuestro autor invitaciones para incursionar por la novela sicológica y de tesis —que ambas cosas es *Un matrimonio inconveniente*— no resulta, al menos en líneas generales, misterioso en absoluto. De 1874 es *Pepita Jiménez*, novela sicológica —y un poco, en un segundo plano, de tesis— de Juan Valera, con quien Mera mantuvo correspondencia y estrechó amistad. Y no se trataba de un caso aislado. Lo mismo que Valera, Galdós, y hasta Pereda —el de *Sotileza*— se entusiasmaban por trabajar lo sicológico de sus novelas y plantear a sus personajes situaciones conflictivas. Todas sus lecturas y noticias debieron haber invitado a Mera a esbozar su «novela sicológica».

Que anduvo poco feliz en la empresa, casi no hace falta decirlo. Se quedó fuera de sus personajes; fue excesivamente discursivo y excesivamente poco intuitivo. No supo llegar a eso que Ortega y Gasset ha llamado «autopsia» y considerado secreto último del novelista que quiera crear personajes con interioridad autónoma.

Hay, en fin, en *Un matrimonio inconveniente* mucho más de tesis que de sicología profunda. A nuestro Mera lo traicionó su catolicismo. Muchos años faltaban para que el catolicismo se lanzase a campo traviesa, briosamente, sin miedo, hasta las profundidades y complejidades del corazón humano sin recelar de censuras ni asirse de agarraderos fáciles ni apuntar, por encima de todo, a lo edificante (Bernanos y Graham Greene, por ejemplo) hicieron novela católica de hondura abisal y formidable libertad, y Mera no era hombre como para abrir brechas tan audaces.

## POR CAUCES REALISTAS

*Entre dos tías y un tío* y *Porque soy cristiano* como antes *Los novios de una aldea ecuatoriana*, son los estimabilísimos cimientos puestos por Mera al realismo ecuatoriano.

Aquí no hay arrebato alguno de romanticismo, ni en la acción ni en la forma. Todo discurre natural, casi ingenuo.

La vida real y el entorno real que rodea a esa vida están presentes hasta en el pormenor de vestidos, comidas, costumbres, instrumentos, detalles todos que hacen de las *Novelitas* delicioso documento del tiempo.

¿Quién pudiera imaginarse —no resistimos a traer al menos un ejemplo— ahora un desayuno como el que tomaron Bonifacio y Juanita antes de salir para Quito?:

«A la mañana siguiente, tomando muy temprano el desayuno de locro, huevos fritos y chocolate, montaron a caballo

Juanita y don Bonifacio» (*Entre dos tías y un tío*, p. 34).[5]

## HUMOR

Dejados de lado recursos patéticos, el costumbrista ha de buscar por otro lado los modos de agarrar al lector. Y amén de la agudeza y plasticidad de sus pinturas, amén de la rica y propia ambientación con valores hasta de documento, tiene mano el humor.

El humor de Mera es discreto, humano, campechano, blanco, amable.

Pinta una cabalgata al estilo del tiempo y repara en el detalle gracioso.

> ... las mujeres iban a horcajadas como los hombres. Las faldas se subían más de lo prudente piernas arriba, y para la honestidad de estas, damas y matronas estilaban calzones de ruán con trabillas y los bordes adornados de guarnición de encaje... (Ibíd, p. 6)

A veces el humor se logra al recargar las tintas, con hipérboles, como las varias empleadas para relatar aquella comida en la posada:

> Corta, baja y negra era la mesa, y de pies no muy seguros, y los asientos dos bancos que reclamaban el hacha para que los hiciese leña. La dueña de casa había cubierto la primera con un trapo jubilado, que quizás comenzó sus servicios por ser falda de camisa... (Ibíd, p. 41)

Esas hipérboles, en el caso de retratos, dan caricaturas:

> Doña Tecla, que había cuidado especialmente de la crianza de la sobrina, debía su celibato a su sobresaliente fealdad, genio áspero y otras condiciones muy a propósito para ahuyentar de sí a todo hombre por valiente que fuese (Ibíd, p. 23).

13

El humor se hace más vivo en escenas tumultuosas —por contenido o por forma—. Cuando a la salida de la Iglesia de la Compañía, Juanita, por embozarse mejor, abrió el pañolón y descubrió a las ávidas miradas de jóvenes militares su belleza, la escena se toma jocosa por el tumulto de la forma:

> Doña Marta se santiguó, tiró del traje a su sobrina, y esquivando al oficial apretaron ambas el paso. —Encomiéndate a la Virgen —decía por lo bajo a Juanita—; di Jesús, Jesús, Jesús. Y repetía las santiguadas, y casi corría arrastrando a la sobrina. Las seguía el oficial... (Ibíd, p. 27)

## PAISAJE

Elemento fundamental en la narración de los primeros realistas, el paisaje. Y no solo para dar belleza al relato, sino para hacernos penetrar en los estados anímicos de sus personajes. Recuérdese entre los mayores casos de esto —y, por otro lado, caso que bien pudiera haber influido en Mera— el de Pereda.

Mera hace buen uso de la descripción en sus *Novelitas*. Su justeza de observación así como la admirable riqueza y propiedad de su lengua le permiten extender las pinturas, mientras por otro lado un seguro instinto de narrador logra hacer de esas pinturas pasajes de la historia. Buena prueba de esto tenemos en el camino que hacen tío y sobrina de *Entre dos tías y un tío* desde Quito y que se lleva casi media novela, y la mitad más tensa.

El secreto de cuanto logra interesar Mera con sus pinturas estriba en que pinta al narrar: ritmo de narrador, intención de narrador, saber de narración. Véase cuánto dista este modo de pintar de una fría descripción topográfica —que ese habría sido aquí el caso—:

> El trayecto de algunas leguas que hacía el caminante en la última jornada para llegar a la histórica ciudad de los shiris y

de los incas; a la capital de la Presidencia Española de Quito, y de la actual República del Ecuador, no era camino, y es punto resuelto por la sana crítica que se le daba este nombre solo por decencia: pues ¡cómo no se había de llamar camino esa sucesión de fangales, resbaladeros, abras estrechas, gradas de piedras movedizas, que se hallaba en las vecindades de una gran ciudad! (Ibíd, p. 35)

…se había propuesto hablar lo menos posible con el impertinente viejo, cuando penetraron en Jalupana. Suelo perpetuamente lodoso y con piedras sueltas esparcidas; peñascos laterales de cuatro, cinco y seis metros de alto, equidistantes dos o tres a lo más uno de otro, y sudando en todo tiempo gotas de agua que de minuto en minuto caían dando leve y triste sonido; en la cima de esos muros sombríos y medrosos una barda natural y espesa de juncos, helechos y otros arbustos silvestres que tendían sus ramas sobre el camino, impidiendo el paso a los rayos del sol: esto era Jalupana. Aquí se aumentó la tristeza de Juanita… (Ibíd, p. 36)

Aquello de «la tristeza de Juanita» aumentada por lo sombrío del escenario es rasgo romántico del paisaje de Mera, para quien la pintura del paisaje es recurso socorrido para introducirnos en la intimidad de la atribulada heroína. Las calidades y tonalidades de su tristeza las dirá Mera con una pintura casi virgiliana del paisaje que ella contempla desde una de las posadas del camino:

… el Rumiñahuy, cuyos picachos negros salpicados de nieve brillaban con los últimos rayos del sol, y cuyas faldas cubiertas de raquítica selva franjaba esos momentos parda niebla; y los extensos prados tendidos por todas partes y resonantes con los mugidos de las vacas y los balidos de los rebaños; y el labrador que, entonando su yaraví en el rústico rondador, volvía de rematar su tarea; y las cabañas de cumbres coronadas de humo, nuncio del fin de las fatigas del día, y de la anhelada comida y del descanso (Ibíd, p. 23).

Esta «simpatía» entre el paisaje y los héroes de sus relatos

15

alcanza un punto máximo en *Historieta*, que se narra en una tarde de aguacero y concluye cuando «el aguacero iba también tocando a su fin; el cielo mostraba su faz de azul purísimo por entre las rotas nubes, y los rayos del sol se encajaban por estas roturas para descender a la tierra y calentarla y regocijarla».

Por fin, anotemos que el paisaje se convierte en casi la totalidad del relato en *Una mañana en los Andes*.

## EL CONVERSADOR

Pintorescos casos humanos, humor amable y familiar, pinturas puestas al servicio de la emoción del relato, vida y costumbres del tiempo… acaso sean estos los principales ingredientes de la fórmula realista de Mera, que pertenece al comienzo del realismo, al costumbrismo.

Dos notas deben añadirse para acabar de matizar el cuadro. La una, que lo que media entre los relatos del ecuatoriano y realistas más maduros de otras latitudes hay que ponerlo a cuenta del pacífico e ingenuo medio provinciano en que vivió Mera. Así las transiciones, que en Mera son desenfadadamente expresas. Como esta: «Ya es tiempo de decir algo más acerca de Juanita y Antonio, sus tías y Bonifacio» (Ibíd, p. 23). La otra, que, por encima de cualquier técnica o arte reflejas de narrar, en Mera quedamos ante el conversador de los hogares ecuatorianos de antaño, el de las largas veladas al amor de la lumbre después de la «merienda». El comentario personal —irrupción subjetiva—, el súbito paso al presente, la broma discreta son otros tantos indicios de un estilo conversacional que floreció realmente en la vida de nuestras gentes.

Véase este lugar que, fuera de ese contexto, podría resultar difícil de gustar y hasta penoso:

Nuestros mozos son así: hasta lloran cuando se despiden de las personas a quienes aman, para emprender el camino de la guerra; pero una vez en el ejército y con el patriotismo y el honor que los espolean; ¡qué cholos y qué chagras para dar y recibir balazos sin arrendarse con nada! Subordinado, infatigable, paciente, valeroso, el soldado ecuatoriano es de los mejores de Sudamérica.

Ahí está un recluta sentado... etc. (Porque soy cristiano, p. 91)

## CLÁSICO DE LA LENGUA

Para quien conoce a Mera, ni falta hace mentar el aspecto lengua de sus *Novelitas ecuatorianas*. Mera es un clásico de la lengua española, y su lectura puede resultar utilísima para enseñar al pueblo a hablar bien y con riqueza y con sabor.

Porque, ¡qué riqueza de Mera! Y una riqueza no buscada, en modo alguno laboriosa. Espontánea, fácil. Casi en cada página de Mera hallamos palabra y el giro castizos, sabrosos...

«Después se echó a desollar la zorra» (*Entre dos tías y un tío*, p. 34).

«... había lo necesario para darse un verde de los más soberbios» (Ibíd, p. 8).

«... en cuya casa vivía y a cuya mesa sacaba la tripa del mal año» (Ibíd, p. 24).

«... dilató su boca sonrisa maliciosa y dijo para su sayo» (Ibíd, p. 41).

En fin, la lista de todo el español que Mera puede enseñarnos resultaría interminable.

Y hay algo más: son nuestros tipos humanos, nuestro paisaje, nuestros usos y costumbres, nuestros modos de hablar, los que hallamos en Mera hechos castellano que no desmerece del mejor que escribían por entonces en la península un Pereda o una Emilia Pardo Bazán.

## VALOR MORAL

Mera narra por el gusto de narrar y para entretener.

«... hemos charlado y reído a maravilla; y, por fin, vamos

17

a rematar la velada con uno de mis recuerdos» —comienza *Entre dos tías y un tío* (p. 2)—, y: «Quiero entretener un momento a los lectores de la Revista Ecuatoriana, y voy a contarles una anécdota que tiene ribetes de novela» —son los primeros renglones de *Porque soy cristiano* (p. 77)—.

Sin embargo, su espíritu noblote por una parte y de católico a carta cabal por otra, no pierde coyuntura hábil para exaltar virtudes humanas y cristianas.

A sus trechos ocurre la reflexión de cristiano sentido común y natural nobleza:

> Antonio, huérfano como Juanita, era un joven de simpática figura, honrado y laborioso, condiciones que a los ojos de doña Tecla y muchísimas doñas Teclas, nada valían, porque sobre tales buenas prendas prevalecía la pobreza. Esta para ciertas clases sociales es casi un crimen y la riqueza tenga cimiento de crimen, es virtud (Ibíd, pp. 24-25).

Así, en breves pausas de su relato, Mera exalta la pobreza honrada y altiva y fustiga la avaricia rastrera; condena los estériles cuartelazos, y en general, todos los modos cotidianos de ruindad que se echa a la cara.

Pero a veces, en exceso de celo, se le va la mano al buenazo de don Juan y damos con sentones de doctrina cristiana. Esto acaece —más podíamos suponerlo— en *Un matrimonio inconveniente*.

¡Qué parrafazo, por ejemplo, el que le espeta el cristianísimo don Juan al un tanto liberal don Pedro, acerca del lado divino del matrimonio! Es tan enorme que don Pedro comenta: «Juan, te has vuelto elocuente y me has soltado un trozo bosuetano o massilloniano» (*Un matrimonio inconveniente*, pp. 143-144).

Mas todo esto, lejos de resultarnos «bosuetano o massilloniano», nos sabe simplemente a declamatorio y viejo. Infinitamente más eficaz en su afán de mover a su lector al bien es Mera cuando derrumba en un final tan doloroso, tan espantoso —aún más doloroso por imprevisto y súbito— su *Entre dos tías y un tío*, o cuando a todo lo largo de *Porque soy cristiano* nos hace aborrecer las guerras ruines y fratricidas que por años de años asolaron nuestros campos, o cuando en *Historieta* nos lleva a punto de exasperación ante las injusticias de que es víctima el indio Pedro, o cuando, en tantos lugares y de modo casi insensible, canta los bienes de la vida rural y rechaza las turbias codicias del materialismo.

No cabe duda: el narrador ha de hacerlo todo —probar, enseñar, discutir, mover-narrando, entregado al desinteresado frenesí de narrar—. Y a Mera, maldita la falta que le hacía caer en lo edificante, siendo como era tan buen narrador.

# NOTAS:

[1] Así los mayores estudiosos de la novela ecuatoriana. Cf. Benjamín Carrión: El nuevo relato ecuatoriano, Casa de la Cultura Ecuatoriana, Quito, 1950, T. 1, c. l, p. 10. Angel F. Rojas: La novela ecuatoriana, Fondo de Cultura Económica, México, 1940, p 46. Contra este aserto, aceptado generalmente, ha reclamado Alejandro Carrión en su ensayo "La novela", incluido en *Trece años de Cultura Nacional*, Casa de la Cultura Ecuatoriana, Quito, pp. 46-49. Para Alejandro Carrión la novela ecuatoriana habría comenzado a fines del siglo XVIII con dos obras: *Viajes de Enrique Walton a las tierras incógnitas australes y al país de las monas* de Ignacio Flores y *Cartas Riobambenses* de Eugenio Espejo. *Los Viajes de Enrique Walton a las tierras incógnitas australes y al país de las monas* y parece haber sido escrita y fue publicada en España, y, según don Pablo Herrera: «No existe, es verdad, comprobante que acredite que Flores hubiese sido el autor de aquella composición» (Cf. Isaac J. Barrera, Historia de la Literatura Ecuatoriana, Vol. 11, Casa de la Cultura Ecuatoriana, Quito, 1954, pp. 231-232).Ya se ve cuántos problemas habría que esclarecer antes de poner esta obra como primera novela ecuatoriana.

Muy distinto es el caso de Espejo, cuyas Cartas Riobambenses son de indiscutible autenticidad y ecuatorianidad. Pero, lamentablemente, no son novela. Verdad que en esas breves siete cartas alienta un delicioso personaje femenino. Pero, ¿basta ello para tener una novela? ¿Acaso no hay artículos de costumbres en los que damos con personajes tan bien o mejor trazados —piénsese, por poner un ejemplo, en Un castellano viejo de Larra—? En las Cartas Riobambenses falta una acción, falta la más elemental unidad. Falta, en su raíz, la voluntad de narrar, que queda ahogada por la voluntad —única, para Espejo— de polemizar. Las Cartas riobambenses son un panfleto más de Espejo empeñado en la defensa de los curas de Riobamba. Panfleto, por supuesto que tiene como telón de fondo costumbres y situaciones pintorescas del tiempo. (Ver las Cartas riobambenses en esta Biblioteca de Autores Ecuatorianos).

[2] Juan León Mera, Novelitas ecuatorianas, Est. tip. de Ricardo Fé, Madrid, 1909.

[3] E. Anderson Imbert, Historia de la Literatura Hispanoamericana, Época contemporánea, 6ª ed., Fondo de Cultura Económica, México, 1967, T. I, p. 221.

⁴ Los autores varían al señalar la fecha de "El matadero". Anderson Imbert (libro citado, p. 223) lo sitúa en 1938; Diez-Echarri y Roca Franquesa en su Historia de la Literatura Española e Hispanoamericana (Aguilar, Madrid, 1960) anotan «escrito en 1840» (p. 906). Acaso la clave de solución la dé Luis Alberto Sánchez, quien en Escritores representativos de América, primera serie, T. II (Madrid, Gredos, 1963) dice «escrito entre 1838 y 1840, y publicado bastante después» (p. 22).

⁵ Citamos las páginas de la primera edición —y la única completa que se ha hecho, hasta la que hoy entrega al lector la Biblioteca de Autores Ecuatorianos de Clásicos Ariel—.

# INTRODUCCIÓN A
# NOVELITAS ECUATORIANAS

Como sucede con varias otras obras de Juan León Mera (Ambato, 1832-1894), las *Novelitas ecuatorianas* fundamentan una buena parte de su importancia, tanto literaria como histórica, en su calidad de obra pionera. Con ellas, se ha dicho muchas veces, se inicia el realismo en nuestras letras o, para ser más precisos, se dan los primeros esbozos notables del realismo que subsiguientemente irrumpiría como tendencia «central» en la literatura de nuestro país. Y habría que pensar, entonces, que ellas señalan, de alguna manera, los derroteros de ese realismo posterior.

En términos históricos, por lo menos, parece no tener sentido afirmar lo contrario. Sin embargo, para llegar a precisar la importancia y los alcances de ese «anuncio» del realismo que generalmente se señala en las *Novelitas* de Mera, es necesario adentrarse en la comprensión de ciertos parámetros que nos ayuden a juzgar e interpretar *ese* realismo particular. Para ello, no obstante la imposibilidad de abordar tema tan vasto en espacio tan reducido como este y el riesgo de alejarse demasiado de la obra que presentamos en esta introducción, resulta necesario revisar una sustentación teórica del realismo en general —en tanto posición filosófica y estética—, así como de sus orígenes y sus propósitos.[1]

Ahora bien, la palabra *realismo* es una creación lingüística del siglo XIX. Apareció en Francia en 1821, pero empezó a

...........................

[1] La discusión en torno al realismo que se presenta a continuación es el resumen de parte de un trabajo anterior: Andrés LANDÁZURI, «La fractura realista. Ruptura de la noción objetivista de la relación entre lenguaje y realidad en el relato *El Horla*, de Guy de Maupassant», Tesis de Licenciatura, Pontificia Universidad Católica del Ecuador, Quito, 2006, pp. 25-34.

tomar verdadera fuerza a partir de que el escritor Jules Champfleury (1821-1889) la utilizara como título para un volumen publicado en 1857. El término fue acogido y empleado por varios otros literatos franceses de la época hasta que llegó a convertirse en la forma habitual de referirse a toda la nueva postura intelectual. El célebre pintor Gustave Courbet (1819-1877), por ejemplo, lo adoptó para hacer referencia a su pintura desde 1855.[2]

Con todo, más allá de los posibles orígenes del término, podemos deducir que en él se sintetizaba una buena parte de las actitudes e ideas que las nuevas generaciones se plantearon para su concepción del mundo. De ellas, la que más salta al rostro es el apego manifiesto al mundo de la experiencia concreta y el rechazo del idealismo romántico. El realismo, y de ahí su nombre, tornó su mirada hacia la realidad actual de su época y quiso basar en ella su proyecto estético. El fenómeno, por tanto, puede ser visto como efecto de un proceso dialéctico: si el romanticismo había exacerbado el idealismo afectado y fantasioso, «era conforme al ritmo de la psicología colectiva que una generación nueva, por un completo cambio, se tornase hacia el materialismo crítico».[3]

En Francia, cuna del movimiento, parece de común acuerdo señalar a las narrativas de Stendhal (1783-1842) y de Balzac (1799-1850) como las precursoras inmediatas y directas de todo el período realista. En ellas se puede percibir ya, de manera clara, un aspecto fundamental para toda la literatura asociada con la tendencia: la reivindicación de la importancia de los detalles, aun los más sencillos, y «la primacía de los "pequeños hechos verdaderos"».[4] Esta inclusión, tanto de

....................................

[2] Ver J.H. BORNECQUE y P. COGNY, *Réalisme et naturalisme. L'histoire, la doctrine, les œuvres*, Les Documents France, París, Classiques Hachette, 1958, pp. 24 ss., y Wladyslaw TATARKIEWICZ, *Historia de seis ideas. Arte, belleza, forma, creatividad, mímesis, experiencia estética*, NeoMetrópolis, no. 8, 7ª ed., Madrid, Tecnos/Alianza, 2002, p. 321.

[3] BORNECQUE y COGNY, *Réalisme…*, p. 5. La traducción de este, al igual que la de todos los fragmentos que se presentan de este texto, es nuestra.

[4] Ibid., p. 21.

detalles de la vida cotidiana como de hechos comunes y hasta entonces considerados no importantes para el arte, demuestra el creciente interés de la época por tomar con seriedad la variada esfera de la realidad corriente.

Así, los realistas no solamente optaron por alejarse de los prototipos ideales del arte romántico, sino que asumieron una nueva disposición mental hacia la realidad que los envolvía y en la cual buscaron la materia prima para sus creaciones. La influencia del pensamiento positivista de Auguste Comte (1798-1857) —que tuvo gran repercusión a partir del segundo cuarto del siglo—, el fortalecimiento de los conceptos de la zoología humana —que llegarían a su cúspide en 1859 con la publicación de *El origen de las especies*, de Charles Darwin (1809-1882)— y el vertiginoso desarrollo de la ciencia y sus logros hacia la mitad del siglo fueron primordiales para el establecimiento de una visión materialista, amplia y científica del mundo concreto.

Sin embargo, este tratamiento «serio» y hasta cierto punto «científico» de la realidad contemporánea no fue el único requisito del realismo. La preocupación por lo actual también derivó en «un sobresalto del deseo de verdad innato en el hombre».[5] Para los realistas más radicales, como el propio Champfleury, lo verdadero llegó a tener un valor superior al del arte, por lo que este no te tenía otro objeto que buscar lo primero. Sainte-Beuve (1804-1869), uno de los críticos literarios más representativos de la época, llegó a afirmar que «lo bello, lo verdadero y lo bueno es un lema hermoso y, sin embargo, falaz», y que si él «hubiese de tener un lema, sería lo verdadero, solo lo verdadero».[6] En suma, su ampliada visión de lo real llevó a los creadores a abogar por obtener «lo verdadero» *como fin principal* de la actividad artística.

Para hacerlo, los realistas adoptaron una posición moral: la de la sinceridad. La necesidad de ser sincero pasó a ser su

..........................

[5] Ibid., p. 18.
[6] Linda NOCHLIN, *El realismo*, Colección Alianza Forma, no. 109, Madrid, Alianza, 1991, p. 30.

lema primordial al momento de plantear los preceptos del nuevo arte. «Nunca antes se habían afirmado tan vigorosamente las cualidades de la veracidad y sinceridad como fundamento del logro artístico». Se trataba de representar solo lo visto, «sin alteración alguna y sin respuesta convencional alguna o afectación estética»,[7] tarea por lo demás compleja debido a su necesario choque con la realidad material del artista, la vastedad de lo real y los medios del arte.

Émile Zola (1840-1902), artífice y principal impulsador del llamado naturalismo —corriente literaria que sistematizó metódicamente y llevó a los extremos los postulados generales del realismo—, llegó a enumerar lo que para él eran las tres características de la novela realista-naturalista, a saber: 1) «la reproducción exacta de la vida, la ausencia de todo elemento novelesco», lo cual lleva a 2) la aceptación del «tren ordinario de la existencia común», y se manifiesta a través de 3) la completa desaparición del novelista «detrás de la acción que cuenta».[8] Bien podemos considerar a estos tres elementos —que delimitan la tendencia imparcial, impersonal y objetiva comúnmente atribuida a la literatura de la época— como los tres pilares base del proyecto estético del realismo literario.

A manera de síntesis, podemos decir que la fórmula básica del movimiento fue la «sinceridad en el arte», sinceridad que se basaba, como hemos explicado, en una actitud científica de indagación y en un intento de representación objetiva de la realidad empírica. Es claro que no podemos considerar al arte como una actividad verdaderamente científica, pues no se rige por una formulación de hipótesis y la consecuente búsqueda de confirmaciones. «No obstante, [...] los realistas, si bien no estrictamente científicos en cuanto a sus métodos, sí lo eran en lo tocante a sus actitudes hacia la naturaleza y la realidad. [...] Sobre todo, compartían el respeto del científico

.............................

[7] Ibid., pp. 30-31.
[8] Émile ZOLA, *Les Romanciers naturalistes*, 1881, citado por Alain PAGÈS, *Le naturalisme*, Collection Encyclopedique Que sais-je?, n. 604, 2ª ed., París, Presses Universitaires de France, 1989, p. 67. La traducción es nuestra.

por los hechos en tanto fundamento de la verdad». En otras palabras, la actitud sincera y científica de los realistas puede resumirse en

> imparcialidad, impasibilidad, escrupulosa objetividad, rechazo de los prejuicios metafísicos o epistemológicos *a priori*, limitación por parte del artista a la precisa y exacta observación y notación de los fenómenos empíricos, y descripción de cómo, y no por qué, acaecen los fenómenos.[9]

Baste con lo dicho para dejar establecidas las bases del realismo como tendencia general. Y baste, también, una no muy profunda lectura de las *Novelitas* para constatar una gran distancia entre el realismo de Mera y ese realismo «canónico» que hemos descrito —cuyas repercusiones, vale decir, superaron ampliamente las fronteras de la lengua francesa y, con diversas variantes y remiendos, se difundieron por toda Europa y el resto de Occidente—. Empecemos, sin embargo, por revisar qué es lo que se conserva de ese espíritu realista en las narraciones del ambateño y por qué, entonces, ha merecido tantas veces y con tanta insistencia el título de padre de la novela realista ecuatoriana.

Las *Novelitas ecuatorianas* no tuvieron edición íntegra y unificada hasta quince años después de la muerte de su autor. Lo hicieron en Madrid, en 1909, como resultado del interés y las gestiones de José Trajano Mera, primogénito de Juan León y entonces cónsul en Barcelona.[10] Los seis relatos que componen el libro, no obstante, habían ya visto la luz individualmente varias décadas atrás, siendo uno de ellos incluso anterior a su famosa *Cumandá* (1879). Según el orden en el que se presentan, las *Novelitas* se componen por, según las ha llamado gran parte de la crítica, tres novelas cortas —«Entre

..............................

9 NOCHLIN, El realismo…, pp. 34-37.
10 Rodrigo PACHANO L., «Estudio«, texto introductorio al apartado «Juan León Mera (1832-1894)», en *Novelistas y narradores*, Biblioteca ecuatoriana mínima. La Colonia y la República, Puebla, Editorial J. M. Cajica Jr. S.A., 1960, p. 27.

dos tías y un tío: costumbres y sucesos de antaño en nuestra tierra» (1889), «Porque soy cristiano» (1890), «Un matrimonio inconveniente (apuntes para una novela psicológica)» (1893)—, y tres relatos cortos —«Historieta» (1866), «Un recuerdo y unos versos» (1886) y «Una mañana en los Andes» (1892).[11]

Si bien habría que considerar a cada una de las *Novelitas* como unidad autónoma, y habría que, por tanto, distinguir en cada una de ellas las manifestaciones de su supuesto realismo, hay una evidencia fundamental para la que no hacen falta mayores disquisiciones: está presente en todos los relatos —de manera muy marcada en las dos «novelas cortas» que abren el libro y en distintos niveles, pero con interesantes matices, en el resto de narraciones—, una preocupación especial por la realidad concreta de un tiempo y un espacio específicos: los de la vida del autor. Habría que decir, más bien, *unos* tiempos y *unos* espacios: los de la serranía ecuatoriana de mediados y finales del siglo antepasado, los del conservadurismo quiteño y ambateño durante el avance de las ideas liberales provenientes de Europa, los de las continuas y dolorosas guerras civiles que sucedieron a los años de la Independencia, los de las relaciones familiares de la época, etc. Y una preocupación tal, como sabemos, reside en el meollo de todo realismo.

En sus *Novelitas*, Mera nos regala un cuadro penetrante de diversos aspectos de la vida en algunos parajes de la serranía ecuatoriana de ese entonces. Y lo hace sin «arrebato alguno de romanticismo, ni en la acción ni en la forma».[12] Y aunque

.............................

[11] Raúl VALLEJO, «Juan León Mera», en Diego ARAUJO SÁNCHEZ, ed., *Historia de las literaturas del Ecuador, Volumen III, Literatura de la República 1830-1895*, Quito, Corporación Editora Nacional / Universidad Andina Simón Bolívar, 2002, p. 244. Ninguno de los autores consultados especifica las condiciones de primera publicación de estos relatos. Podemos inferir, sin embargo, por lo que dice el narrador de algunos de ellos, que estos textos fueron contribución de Mera a una publicación que llevaba el título de *Revista ecuatoriana*.

[12] Hernán RODRÍGUEZ CASTELO, «Juan León Mera, padre de la novela realista ecuatoriana», prólogo a Juan León MERA, *Novelitas ecuatorianas*, Clásicos Ariel, no. 10, Guayaquil/Quito, Ariel, s/f, p. 11

luego veremos que habría que admitir numerosos reparos antes de aceptar un juicio tal para todas las novelitas, es claro que al menos las dos primeras —«Entre dos tías y un tío» y «Porque soy cristiano»— no se percibe al ostentoso y lírico escritor que tantos elogios se había ganado no mucho antes con *Cumandá*. De hecho, no es erróneo ni exagerado decir que las mencionadas narraciones «son obras de gran aprecio porque constituyen la mejor documentación acerca del estado social, político y religioso del pueblo ecuatoriano en ese tiempo».[13]

No puede ser calificado sino de realista el espíritu que mueve al narrador de las mencionadas novelitas cuando se dedica, en amplios fragmentos, a la descripción de tipos y costumbres de la época. Todo el episodio del paseo campestre que se desarrolla al inicio de «Entre dos tías y un tío», así como el reclutamiento de soldados en Ambato y sus alrededores que se relata en «Porque soy cristiano» o la extensa narración de la celebración de las nupcias de Rodolfo y Luisa en «Un matrimonio inconveniente» son destacadas muestras de una clara intención realista con respecto a la representación del mundo natural y social en el que se desenvuelven los personajes de la trama.

En otras palabras, el narrador de las *Novelitas* está muy interesado en plasmar, de manera no solo verosímil, sino *verdadera*, la realidad que concierne a sus personajes. A su vez, está muy interesado en que esa realidad literaria no sea otra que un émulo de su verdadera realidad contemporánea. De ahí el interés por el detalle singular de las costumbres, por la ambientación justa de los lugares, por la particularidad de las ropas y las hablas. Recordemos que, a ese respecto, la primera de las *Novelitas* lleva el esclarecedor subtítulo de «Costumbres y sucesos de antaño en nuestra tierra».

El gran logro de las *Novelitas*, y lo que constituye su aspecto más destacado, es haber conseguido plasmar esa realidad

..............................

[13] Isaac J. BARRERA, *Historia de la literatura ecuatoriana*, Quito, Libresa, 1979, p. 812.

contemporánea en vívida literatura, en narración fresca y admirable, a menudo cargada de fina ironía y casi siempre con gran plasticidad. Las *Novelitas* son relatos que fluyen gracias a su gracia narrativa, a su lenguaje rico y a su buena construcción. «No hay que desplegar ningún esfuerzo para leerlas. Son claras, ajustadas a la diaria realidad», y, aunque «amasadas con emoción», no muestran «exceso de fermento lírico».[14] Mera no desmedra su arte y nos da, con las *Novelitas*, un ejemplo más de su lograda pluma. Y lo logra gracias a su veraz, atenta y permanente observación de la realidad.

Al iniciar «Entre dos tías y un tío» explicando a su prima Cornelia (pues a ella va dedicado el texto) que el relato que sigue es fruto de su experiencia, de las «escenas infinitas» en las que «ha sido actor» durante su vida, el narrador pone de manifiesto que construye su relato a partir de su conocimiento del mundo, de lo que ha observado y vivido en él. Lo mismo ocurre, por poner otro ejemplo, con la introducción con que se abre «Porque soy cristiano»: a través de una somera revisión histórica, el narrador demuestra que se ha interesado por *estudiar* la realidad antes de empezar a plasmarla en su relato, que se ha *informado* acerca de ella para así poder recrearla, al punto que, en uno de los pasajes más intensos y crudos del relato, se llega a justificar el suceso como «histórico» con una nota al pie de página, como si se tuviese recelo de que el lector pudiese considerar el episodio como pura fantasía.

La «observación y notación de los fenómenos empíricos», habíamos dicho, era la base sobre la cual los realistas edificaban su representación del mundo. No parece, pues, que Mera haya descuidado este principio para dar forma a sus relatos. Al contrario, en eso se cifra el realismo de las *Novelitas*: el producto de la narración —la realidad *emulada* en el relato, si se quiere— es resultado de una observación atenta e intencionada del entorno real. Como tal, es una representación *verídica, genuina, sincera* —realista, en suma— de ese entorno.

Sin embargo, la mera observación minuciosa y detallada

..............................
[14] PACHANO L., «Estudio…», p. 28.

de la realidad no era, ni para el realismo más radical ni para Juan León Mera, el fin ulterior de la labor artística. En el caso de los creadores y defensores del realismo, tanto en Francia como en el resto del mundo, el objeto de la representación literaria de la realidad era el análisis —o el estudio— *imparcial, objetivo* y *exacto* de la realidad, para lo cual se hacía necesaria esa observación casi científica de la misma. Y por «observación casi científica» nos referimos a una observación en principio esquemática e indolente, pues las ansiadas imparcialidad y objetividad eran supuestamente posibles solo mediante una exposición *fría* o *distanciada* del mundo. No debía existir, pues, o, más bien dicho, no podía ponerse de manifiesto relación alguna entre el relato y su artífice, entre la *moralidad* del mundo representado y la *moralidad* de quien lo presentaba. Pensemos una vez más en el tercer requisito que Zola proponía para la novela: la completa desaparición u *ocultamiento* del autor en aquello que sus narradores cuentan. Y por autor quiere decir: sus ideas, sus juicios, sus valoraciones, sus conceptos, sus experiencias personales, etc.

Habría mucho por discutir ante tal principio. Los mismos realistas consagrados lo reconocieron y propusieron diversas explicaciones más o menos satisfactorias. Sin embargo, si nos atenemos al concepto, es evidente que algo muy distinto, en realidad algo completamente opuesto, es lo que ocurre en las *Novelitas* de Mera. No se pueden virar muchas páginas de las *Novelitas* sin percibir un evidente carácter aleccionador y moralizante que sirve de telón de fondo para los relatos y que, como se va descubriendo conforme avanza la lectura, atraviesa toda la obra y le da su fundamento. Miremos un primer ejemplo:

No he de pasar adelante sin meter, a manera de cuña, entre el preámbulo y la narración, un pensamiento que se me ocurre acerca de la diferencia de suerte entre nosotros, que tan bien los estamos pasando esta noche, y los miserables que se están muriendo de hambre y frío. ¿Por qué tal diferencia? Mil veces se ha repetido esta pregunta y nunca ha sido contestada, ni lo será jamás: esas desigualdades son un misterio de los muchísimos que se reserva la Providencia [...] Entre tanto (y esto es lo que yo quería decir principalmente) consolémonos de que no tenemos la culpa de la desdicha de los demás.

En este párrafo, expuesto casi al principio de «Entre dos tías y un tío», el narrador se inclina hacia una valoración moral de un fenómeno que distingue empíricamente, el de la división de la sociedad entre ricos y pobres. Aunque no llega a dilucidar una causa efectiva para tal hecho, deja en claro una sentencia determinante bajo la siguiente fórmula: «Se trata de algo dictaminado por la Providencia y sobre lo cual no tenemos ingerencia» (ni, por supuesto, culpa alguna).

Antes de hacer explícita nuestra reflexión al respecto, veamos un segundo caso, tomado de un párrafo apenas un poco posterior al anterior. Mientras describe la furia con la que el río Ambato a veces se desborda y, al hacerlo, arrasa con todo, el narrador anota:

> Eso sí, ciertos revolucionarios, que Dios confunda, no hacen bien ninguno ni antes ni después de sus hazañas, y sí solo gravísimos daños, en tanto que el Ambato, […] pasados sus arranques demagógicos […] y vuelto a su estado normal, […] vuelve también a ayudar al hombre a recuperar lo perdido, y aun a darle más de lo que le había quitado.

De nuevo nos topamos frente a un juicio moral, o algo cercano a ello. Parafraseando el texto, el narrador aprovecha la capacidad destructiva del río para equipararla con la acción de «ciertos revolucionarios», y dictamina negativamente que, al contrario de este, ellos no aportan sino «gravísimos daños». No son pocas las valoraciones de este tipo que saltaran a la vista si seguimos el texto con cierta atención. Los narradores de las *Novelitas*, en definitiva, no tienen reparos para criticar aspectos morales que considera ruines y, a su vez, ensalzar lo que considera virtudes y caracteres a su juicio nobles.

Ahora bien, ¿hacia dónde se encamina esta actitud del narrador? Podría pensarse que estos elementos no son sino «deslices» o «atrevimientos» que el narrador se permite sin por ello menoscabar gravemente su actitud objetiva e imparcial para con la realidad representada. Pero el abrumador conjunto de este tipo de juicios, ya sea en boca del narrador o de los personajes, ya sea de manera casual y periférica como en «Entre dos tías y un tío» o de manera continua y circunspecta como en «Porque soy cristiano» o «Un matrimonio inconveniente», perfila una actitud totalmente distinta a esa que podría descubrirse inicialmente.

Dicha actitud, como dijimos, es una marcada inclinación moralizante que impregna las *Novelitas* en su totalidad (de hecho, el relato en que menos se distingue esta característica es el que nos ha servido como ejemplo). Mera, a través de sus narradores, «no pierde coyuntura hábil para exaltar virtudes humanas y cristianas», y casi en toda pausa de los relatos «exalta la pobreza honrada y altiva y fustiga la avaricia rastrera; condena los estériles cuartelazos y, en general, todos los modos de ruindad que se echa a la cara».[15] A tal punto llega esta tendencia que a menudo los relatos, como es el caso de «Un matrimonio inconveniente», se tornan verdaderos panegíricos de la moral cristiana conservadora y ardientes réplicas a las ideas liberales de la época.

El interés de Mera por la representación de las costumbres sociales de su época está encaminado —y sirve de pretexto— a la exposición de lo que a su juicio, el de la moral cristiana, debe ser lo correcto. Según nuestra lectura, toda la intención de la obra está inclinada hacia este punto —con la excepción parcial de «Entre dos tías y un tío», el texto más estrictamente realista y a la vez más logrado, a nuestro juicio, de la colección. Y así, por la amplitud y la resonancia que lo edificante tiene dentro de las *Novelitas ecuatorianas*, el realismo de Mera dista mucho del realismo teóricamente «puro», lo cual, a su vez, deja una puerta abierta para la comprensión de nuestro posterior realismo, llamado «social», siempre volcado más a exponer o denunciar una visión definida de las cosas que a analizar el conjunto de la realidad con sus infinitos pormeno-

...........................

[15] Rodríguez Castelo, «Juan León Mera…», pp. 15-16.

res y sus inconmensurables posibilidades.

Actitud tan «militante» como la descrita no corresponde de manera alguna al espíritu imparcial del realismo. Corresponde, más bien, a un rezago de una actitud opuesta: la del romanticismo. El pretendido realismo de las *Novelitas* no solo que no es una *reacción* a los postulados idealizantes del sentimiento romántico, sino que de por sí se centra en la expresión y difusión de valores ideales: los de la moral cristiana. La forma realista que adoptan las *Novelitas*, pues, responde a un espíritu propiamente no realista. En ese sentido, bien podríamos considerar a estas narraciones como textos de transición en la historia de las letras ecuatorianas, aunque quede pendiente la pregunta de cuándo y cómo dicha transición se dio por terminada, si lo hizo.

Habría también que retornar a uno de los grandes temas que habitualmente se tratan cuando se habla de Mera y su obra para comprender un poco mejor esa insistencia por lo moral que hemos expuesto. Se trata de la búsqueda —necesaria y habitual para la época toda, no solamente para Mera— de una suerte de identidad cultural propia, fenómeno apreciable en casi todos los aspectos de la vida intelectual del siglo XIX —y que, en sentido estricto, no cesa ni puede cesar nunca— y por el que tuvieron que atravesar todos los países iberoamericanos luego de los tortuosos años de su emancipación política. Así pues, la búsqueda de una tradición literaria ecuatoriana, uno de los presumibles propósitos de Mera al interesarse por el retrato de las costumbres de su tierra, no podía desligarse de la búsqueda de una tradición ecuatoriana a secas, pues esta sencillamente no podía existir aún.

La manera como un intelectual como Mera podía acometer una búsqueda tal tenía que ligarse necesariamente a los fundamentos de su cosmovisión y de su concepción de la realidad, esto es, básicamente, a su catolicismo inexpugnable. Y con ello ha de insistir e insistir en todo: en sus relatos, en sus novelas, en sus estudios de folclor, en su poesía, en su actividad política, etc. Todo ello debía coadyuvar a la formación de una «cultura ecuatoriana», y si algo había de escribirse acerca de la realidad nacional, debía hacerse no solamente con atención a lo esta *era*, sino con atención a lo que esta *debía ser*. Les faltó historia y nación a las *Novelitas* de Mera para volcarse a la poderosa aspiración que se impuso a sí mismo el realismo europeo.

Podría decirse que no hay por qué señalar ese realismo que hemos llamado «europeo» o «canónico» en menoscabo del realismo de Mera, pero, a nuestro juicio, muy lejos de ser un elemento constructivo como lo pretende, la actitud moral de las *Novelitas* es su limitación más evidente. Y lo es porque falla ahí mismo donde deseaba triunfar. Como bien se ha dicho, nada de las ardientes proclamas moralistas con que están llenas las *Novelitas* puede sabernos a otra cosa que a «declamatorio y viejo»,[16] y muy difícil será que cualquiera de ellas conserve —si es que lo tuvo alguna vez— su capacidad de *conmover*, esto es, de *perturbar* y *transformar* la condición existencial de quien las lee. La limitación que la actitud edificante supone para las *Novelitas* consiste en manifestarse como una visión determinada de ciertas circunstancias históricas y sociales que han quedado por fuera de ellas y que, por lo tanto, han perdido actualidad.

Teniendo en mente que el costumbrismo de Mera responde más a la inclinación hacia lo popular y a la búsqueda de una «nacionalidad literaria» ecuatoriana —ambos rasgos derivados del interés romántico— que a una intención de estudio o análisis de la realidad concreta —aunque no por ello pueda dejar de rastrearse cierta resonancia de estos aspectos en las *Novelitas*—, quedémonos, pues, con el Mera narrador, con el Mera que representa escenas cotidianas con la serenidad de un sabio y que pinta paisajes y lugares con la habilidad de un maestro. Y si la actitud moralizante de las *Novelitas* han de servirnos para comprender mejor un período necesario de la evolución de nuestro pensamiento y nuestras letras, la firmeza de su relato, la frescura de sus situaciones, el humor y la gravedad de sus personajes habrán de servirnos para deleitarnos con el legado de uno de los grandes nombres de nuestra literatura.

..............................

[16] Ibid., P. 16.

# BIBLIOGRAFÍA

- Barrera, Isaac J., *Historia de la literatura ecuatoriana*, Quito, Libresa, 1979.
- Bornecque, J.H. y Cogny, P. *Réalisme et naturalisme. L'histoire, la doctrine, les œuvres*, Les Documents France, París, Classiques Hachette, 1958.
- Landázuri, Andrés, "La fractura realista. Ruptura de la noción objetivista de la relación entre lenguaje y realidad en el relato *El Horla*, de Guy de Maupassant", Tesis de Licenciatura, Pontificia Universidad Católica del Ecuador, Quito, 2006.
- Nochlin, Linda, *El realismo*, Colección Alianza Forma, no. 109, Madrid, Alianza, 1991.
- Pachano L., Rodrigo, "Estudio", texto introductorio al apartado "Juan León Mera (1832-1894)", en *Novelistas y narradores*, Biblioteca ecuatoriana mínima. La Colonia y la República, Puebla, Editorial J. M. Cajica Jr. S.A., 1960, pp. 5-32.
- Pagès, Alain, Le naturalisme, Collection Encyclopedique Que sais-je?, n. 604, 2ª ed., París, Presses Universitaires de France, 1989.
- Rodríguez Castelo, Hernán, "Juan León Mera, padre de la novela realista ecuatoriana", prólogo a Juan León MERA, *Novelitas ecuatorianas*, Clásicos Ariel, no. 10, Guayaquil/ Quito, Ariel, s/f, pp. 9-17.
- Tatarkiewicz, Wladyslaw, *Historia de seis ideas. Arte, belleza, forma, creatividad, mímesis, experiencia estética*, NeoMetrópolis, no. 8, 7ª ed., Madrid, Tecnos/Alianza, 2002.
- Vallejo, Raúl, "Juan León Mera", en Diego Araujo Sánchez, ed., *Historia de las literaturas del Ecuador, Volumen III, Literatura de la República 1830-1895*, Quito, Corporación Editora Nacional / Universidad Andina Simón Bolívar, 2002, pp. 207-254.

## ENTRE DOS TÍAS Y UN TÍO
## COSTUMBRES Y SUCESOS DE ANTAÑO EN
## NUESTRA TIERRA

A mi querida prima Cornelia Martínez.

Si tú que cuentas cortos años de vida y apenas has visto tal cual escena del mundo, tienes no obstante recuerdos que te sirven para tejer una hermosa y delicada historieta como *Paulina*, ¿cuántos no tendré yo que he visto correr ya más de medio siglo? ¿Y cuántas impresiones no guardaré en mi corazón, palpitantes aún, que he recibido en escenas infinitas, en las que he sido actor, o lo han sido mis amigos y conocidos?

Hoy está la noche fría y nebulosa, nieva en los Andes, el cierzo sacude las ramas de los árboles despojados de sus hojas por la despiadada mano del invierno, y el río crecido y negro brama a cincuenta pasos de esta casa. ¡Qué horribles horas para los pobres que no tienen abrigo, y padecen quizás frío acompañado de hambre! Nosotros, entre tanto, estamos aquí resguardados de los rigores de la intemperie, hemos tomado leche con café, tú nos has deleitado con el piano y con tu voz angelical; tu mamá, tus hermanos y hermanas y yo hemos charlado a maravilla; y, por fin, vamos a rematar la velada con uno de mis recuerdos.

Pero no he de pasar adelante sin meter, a manera de cuña, entre el preámbulo y la narración, un pensamiento que se me ocurre acerca de la diferencia de suerte entre nosotros que tan bien lo estamos pasando esta noche, y los miserables que se están muriendo de hambre y frío. ¿Por qué tal diferencia? Mil veces se ha repetido esta pregunta y nunca ha sido contestada, ni lo será jamás; esas desigualdades son un misterio de los

37

muchísimos que se reserva la Providencia, son un problema por cuya solución se desvelará la filosofía tantos siglos más cuantos viene rompiéndose en vano la cabeza por alcanzarla; y cumplido este plazo, comenzará otro, y después otro y otro hasta el fin del mundo, y el desesperante por qué seguirá en sus trece, y la sociedad dividida en ricos y pobres, felices y desgraciados. Entre tanto (y esto es lo que yo quería decir principalmente) consolémonos de que no tenemos la culpa de la desdicha de los demás, y repitamos con uno de los Argensolas:

«¿Ciego, es la tierra el centro de las almas?»

Ahora sí comienzo. El Ambato, nuestro querido y delicioso río… Pero se me olvidaba: en pago de mi narración deseo dos cosas, mi Cornelia: has de ejecutar en el piano el trozo de música que mejor armonice con la impresión que te cause el remate de la historia que vas a oír, y después forjas otra novelita que sea compañera de *Paulina* y deleite como esta a los lectores de la *Revista Ecuatoriana*. ¿Estamos? Pues adelante.

El Ambato, nuestro querido y delicioso río, forma su caudal de la misma suerte que muchos hombres el suyo: junta sin ningún trabajo aquí una corta herencia que, al derretirse, le deja la nieve del difunto Carhuirazo; allá un pequeño donativo que le hace el Casahuala; acullá el presente de un manantial que brota bajo las rocas cubiertas de musgo; y en muchas partes las laderas empapadas por las lluvias van entregando al codicioso río hilos de agua que descienden silenciosos por entre amarilla paja y verde grama. Y he aquí a poco andar al señor nuestro, enriquecido a costa ajena, saltador, alegre, bullicioso y envanecido como si lo debiese todo a sí mismo.

Pero el Ambato no es como la mayor parte de los ríos, que aumentan su tesoro sin provecho para los menesterosos y ni aun para sí; es sumamente dadivoso y benéfico, tanto que de algunos años acá se va quedando pobre, porque consiente de buen grado que todo el mundo meta la mano en sus arcas y le sustraiga el caudal. La ciudad vecina le ha robado hasta el nombre, y no se diga más.

¿Qué fuera Ambato sin su río de vegas feraces, verdes y poéticas, y sin las ondas que le sustraen los ambateños para forzarlas a ir a tierras lejanas a derramar en ellas fecundidad y riqueza? Fuera una ciudad como tantas otras: ciudad y nada más. No tuviera su vestido y corona de árboles y flores, ni respiraría embalsamadas y saludables auras, ni escucharía música de mirlos y jilgueros, ni se regalaría con el jugo de exquisitas frutas, ni, por medio de estas, habría hecho sus tributarios a muchos de los pueblos vecinos, inclusa la capital de la república; ni tal vez, me atrevo a presumirlo, tendrían sus hijos el genio despierto, alegre, chispeante y expansivo que los distingue.

Pero a veces el Ambato se pone de mal humor: las tempestades o las nevascas de la cordillera occidental echan lodo y piedras en la caja de nuestro rico que se enoja, se pone furioso, brama y azota y tala huertos y jardines, obra de su propia **munificencia,**[1] y derriba puentes, y se arrebata chozas y ganados, no pudiendo librarse de sus iras en ocasiones ni sus pobres dueños. Entonces es un demagogo satánico que proclama libertad, se la da amplísima a sí mismo, y para hacerla gozar a sus vecinos hace… pues ya ven ustedes lo que hace: arrastrarlo todo. Pero, eso sí, ciertos revolucionarios, que Dios confunda, no hacen ningún ni antes ni después de sus **fazanas,**[2] y sí solo gravísimos daños, en tanto que el Ambato, aunque borra con el codo el beneficio que hizo con larga mano, pasados sus arranques demagógicos, que no son sino humoradas malditas de pocas horas, y vuelto a su estado normal de rico bonachón y generoso, vuelve también a ayudar al hombre a recuperar lo perdido, y aun a darle más de lo que le había quitado.

Hace poco menos de cincuenta años, cuando yo todavía no era pecador, por el mes de febrero, pródigo de peras, duraznos y capulíes, muchas personas en animada cabalgata atravesaban el puente de La Delicia con dirección a Ficoa. Iban

.............................

[1] Generosidad o prodigalidad de un rey o magnate.
[2] Hazañas.

de paseo y se proponían pasar un día de diversión y chacota, como todavía gustan de hacerlo nuestros paisanos. Entonces el sillón de montar apenas daba señales de haber existido y lo usaba solo tal cual señora de edición colonial, y el moderno gancho era trasto de lujo de solo las ricas. Las personas del paseo que recuerdo no lo eran y seguían la costumbre común, las mujeres iban a horcajadas, como los hombres. Las faldas subían más de lo prudente piernas arriba, y para la honestidad de estas, damas y matronas estilaban calzones de **ruán**[3] con **trabillas**[4] y los bordes adornados de guarnición de encaje. Échenle ustedes la chaquetilla de manga larga, cerrada por el puño, un ponchito ligero, un pañuelo de seda al cuello y un sombrerillo con flores y plumas, bajo cuyas faldas colgaba el cabello en dos trenzas iguales con remate de cinta negra, y tiene una señora de aquellos tiempos en elegante traje de montar a caballo. En los hombres privaba la polaina atada sobre la rodilla con un cordón cuyas borlas caían a los lados. En lo demás, el arreo caballeril era ni más ni menos que el de los no elegantes de hoy en día: poncho, tamaño sombrero, grandes espuelas, **pellón**[5] lanudo. ¿Guantes? Ni en ellos ni en ellas. Algunas mujeres, en especial las maltratadas por muchas navidades, se hacían llevar por delante sentadas de lado en el pico de la silla suavizado por un cojín o por un paño envuelto en él. El jinete la enlazaba con el brazo siniestro por la cintura, mientras con la otra mano manejaba la brida; ella le asía por la nuca, y ¡adelante!

De esta manera iba doña Tecla, vieja de seis cuartas de estatura, apergaminada y de ojos que, con ser lo mejor que Dios le había dado, no eran para envidiarlos, a causa de la divergencia con que tiraban sus vistazos; pues si el uno lo hacía a la derecha, su compañero se empeñaba en que lo había de

...........................

[3] Tela de colores y estampada, de algodón, que se producía en la ciudad de Ruan, en Francia. Esta tela era comúnmente utilizada para la elaboración de ropa interior.

[4] Tira de tela que servía para asegurar la ropa.

[5] Tipo de vestimenta, antigua, que era de pieles. También se dice de la piel que forraba la silla de montar.

hacer por la izquierda. El caballero que la aguantaba era su primo hermano don Bonifacio, entrado en años como ella, regordete, de rostro amoratado, ojos colorados y aire entre **cachazudo**[6] y abellacado. Cuando iba de paseo o de viaje, su distintivo principal era una bota pipona de cuello de cuerno y boca de metal, provista siempre de anisado. Ya se comprende cuál sería el gusto predilecto del buen viejo.

Al lado de doña Tecla y de manera que estuviese siempre bajo los tiros de sus ojos, iba Juanita, su sobrina. A poca distancia seguía a la joven el amartelado Antonio, fija en ella la mirada, y más que la mirada el corazón. No era para menos la belleza de Juanita y las cosas que ya se habían dicho, a pesar de la vigilancia celosa de la tía.

A las ancas del caballo de un paje y, asido de la cintura de este con ambos brazos, iba un ciego arpista, infalible pieza en toda diversión **de arroz quebrado,**[7] como solemos decir. Otro paje llevaba por delante el instrumento del ciego. Las bolsas de los pellones iban henchidas de botellas, tras los muslos de los jinetes. Agréguese el buen humor de todos, y se verá que había lo necesario para darse un verde de los más soberbios.

Llegados al huerto designado para la diversión desmontáronse todos, y los hombres bajaron en brazos a las mujeres. Antonio quiso hacerlo con Juanita, pero doña Tecla le echó un «No se moleste usted» con tal tono, que el pobre retrocedió asustado. La vieja se resbaló del caballo; don Bonifacio echó pie a tierra y ayudó a hacerlo a su sobrina.

Ataron los caballos a estacas y árboles, no sin que hubiese corcovos, coces, relinchos y amagos de cosas más serias de parte de esos bribones, y sustos y gritos de niños y mujeres. ¡Qué quieren ustedes! Había también entre los cuadrúpedos algunas damas de su raza, si se me permite decirlo, y no pocos galanes…

...........................

[6] Lento, manso.

[7] Popularmente se dice de una reunión de gente de baja posición social, relacionando el hecho de que el arroz de grano quebrado es de mala calidad y barato, al alcance solamente de la clase popular.

En fin, señoras y caballeros acudieron a la sombra de un capulí ya acostumbrado a dar posada a gente alegre. Era un árbol gigante, cuyas ramas dobladas a la redonda y vestidas de hojas tupidas formaban un magnífico pabellón capaz de contener cuarenta personas. Allí tendieron pellones y ponchos sobre la grama y las hojas caídas, y de tan muelles asientos tomaron inmediatamente posesión mujeres y hombres; si bien muchas parejas, desafiando los rayos del sol, que eran a la sazón vivísimos, quedáronse fuera y se dieron a recorrer el huerto, comiendo frutas a discreción. El arpista, entre tanto, se había sentado en una piedra al pie del tronco del famoso capulí, y tocaba el **costillar**.[8] El contento y la animación tomaban creces. Trajéronse canastas de duraznos y peras que se regaron en la verde grama, y a ellas acudieron todas las manos y se abrieron todas las bocas; menudeaban las copas de mallorca y de la exquisita mistela. Tras la pera, la fresquera se repetía; o bien para hacer beber a una señora se le decía que era preciso hacer cocer el durazno en licor. El efecto de las frecuentes libaciones se manifestaba ya en una tumultuosa alegría y comenzó el baile. Zapatearon hasta las viejas, y no se diga más. ¡Imaginen ustedes qué sería ver danzando a doña Tecla! Pero como no hay gusto cabal en esta vida, el de la tía de los ojos extraviados, al verse en tanta gloria, fue amargado por unos versos que le echó el bendito ciego, soplados por Antonio en venganza del desaire que sufriera cuando quiso desmontar a Juanita.

> *El baile para los mozos,*
> *para viejos el rezar;*
> *que ver a un viejo bailando*
> *es cosa de vomitar.*

—¡Ciego canalla! —dijo entre dientes doña Tecla, y se sentó precipitadamente a medio hacer una pirueta. Don Bonifacio, que se había puesto en cuclillas para alentar el arpa, reprendió

[8] El costillar hace referencia al conjunto de costillas, y estas, a su vez, designan las cuerdas del arpa.

al ciego; pero este se alzó de hombros y siguió desempeñando a pedir de boca de todos.

—¡Otro par!, ¡otro par! —gritaron muchas voces—. Fulanita con Zutanito.

Un mozo de cara en vísperas de barbar invitó a una señorita que no obstante su deseo de lucirse, se excusó con un «si no sé» y un «no puedo», palabras rituales en semejante ocasión en boca de nuestras pudorosas damiselas. El mancebo le tomó la mano y la obligó a ponerse de pies. Ella, con los ojos bajos, colorada y sonreída, tiró a un lado el pañolón, echó las trenzas atrás, cruzó un pañuelo de seda por las espaldas, asidas las esquinas con la mano izquierda sobre el hombro y con la derecha en la cadera, y esperó que su compañero comenzara. Hízolo en seguida, la una mano en el cinto y batiendo con la otra en alto su sombrerito de paja.

—¡Viva!, ¡viva! —gritaron todos y daban recios palmoteos; y quién tiraba a los pies de la joven flores y ramillas y hojas verdes, y quién tendía su pañuelo para que lo pisara.

Sentóse la joven, diole gracias el mozo, y volvieron las voces: —¡Otro par!, ¡otro al agua!

Antonio se animó a invitar a Juanita. ¡Pobre Antonio! Un vistazo y un gesto de doña Tecla le hirieron como rayos y me le dejaron patitieso. No paró en esto: la vieja le hizo una seña a don Bonifacio, este la comprendió, se sacó el poncho y lo tiró a un lado, quedándose con el chaquetón de pana cuyos bordes no bajaban del nivel de las caderas, la camisa se le escurría sobre la pretina, a pesar de los tirantes que le cruzaban el pecho y espaldas; y su querido cuerno pendiente al costado izquierdo; y en esta facha y derramando una sonrisa por la entreabierta enorme boca, se acercó a Juanita, haciendo piruetas y batiendo el pañuelo que sacó del bolsillo del chaquetón. La muchacha se puso como un ají, se mordió los labios y echando un vistazo furtivo a Antonio, dijo con desdén:

—¡Yo no bailo!

—¿Cómo? —dijo doña Tecla muy molesta.

—Digo que no bailo.

—Has de bailar. ¿Con que has de desairar a tu tío?

43

Y añadió en voz baja: —¡Mal criada!

—¡Que baile! ¡Que baile Juanita! —gritaron muchos de los concurrentes—. ¡Arriba la linda! ¡Viva don Bonifacio! ¡Hurra!

Doña Tecla le tiró y quitó el pañolón con violencia, y Juanita se vio forzada a hacer lo que no quería.

—Para don Bonifacio, el **minuete**[9] —dijo alguien.

—Bueno, bueno. Ciego, échale un minuete —contestaron muchos.

—¿Y quién alienta?

—Antonio.

—¡Magnífico!

El baile duró poquísimo y Juanita, durante él, tenía cara de vinagre y seguía maltratándose los labios con los dientes.

El ciego cantaba:

*La dama que está bailando*
*se parece a San Miguel,*
*y el galán que la acompaña*
*al que está bajo sus pies.*

Don Bonifacio comprendió que esta pulla no venía del arpista, y quedó picado. Cuando tornó al pie del arpa y bailaba otra pareja: —Antoñito —dijo al amante de su sobrina—, atiende bien al canto del cieguecito.

Y la copla dictada por el viejo decía:

*El pobre que está queriendo*
*por la fuerza se anonada,*
*porque no tiene qué dar*
*para nada ¡ay! para nada.*

—¡Muy bien, tío Bonifacio! —exclamó el joven aparentando buen humor, pero tragando **acíbar**[10].

..............................

[9] Tipo de danza que incluye varias vueltas y poses. Nació en Francia y estuvo muy de moda en el siglo XVIII, pero seguramente pasó luego a nuestras tierras, aunque ya haya estado en desuso en el Viejo Mundo.
[10] Amargura, sinsabor, disgusto.

Y se cruzaban él y Juanita miradas inteligentes. Por dicha de ambos doña Tecla comenzaba a dar señales de que las copitas se le habían ido a la cabeza y hacían efecto de narcótico: la tía cabeceaba y cerraba y abría los ojos lánguidos y vidriosos. Al fin, no pudo resistir, hizo una maleta del poncho de don Bonifacio, arrimó en ella la oreja, se cubrió la cara con el sombrero y se durmió; pero tuvo cuidado de asir el traje de Juanita para tenerla presa.

Nació una esperanza en el corazón de los dos amantes; y mientras el ciego, acompañado de Antonio cantaba en una tonada melodiosa, y don Bonifacio salía del rústico pabellón medio tambaleándose, Juanita tiraba suavemente su traje y lo desprendía de los leñosos dedos de su tía. Luego se puso en pie, se desperezó, dio unas vueltas entre los concurrentes, y con mucho disimulo salió al huerto. Se metió en un callejón sombrío y apretó el paso, no sin volver la cabeza a cada momento. Nadie la seguía ni veía.

¡Que **Morfeo**[11] no abandone los párpados de doña Tecla! ¡Que la alegría y el baile no dejen salir a nadie, excepto a uno solo, debajo las ramas del capulí!

Tales eran los deseos de Juanita mientras caminaba. Cerca estaba el río que, puro, cristalino y bullidor y travieso, descendía ora enlazando en fajas de plata las azuladas y bruñidas piedras que hallaba al paso; ora cayendo de encima de ella y formando al pie un hervidero de perlas que brillaban a los rayos del sol; ora metiéndose en suaves oleajes bajo los arbustos y árboles de la orilla; como buscando manera de descansar siquiera breves instantes de tanto correr y saltar. Un **molle**,[12] que por su enorme tronco agrietado y sus infinitas y nudosas ramas daba a conocer que había presenciado el nacimiento del siglo anterior, se inclinaba sobre un remanso, cubriéndole ampliamente de sombra. Por el tronco y las ramas había tre-

...........................

[11] Aunque se lo conoce como el dios de los sueños, en realidad era el mayor de los hijos de Sueño (Hypnos). Sin embargo, hoy se utiliza su nombre para personificar al sueño.

[12] Árbol de la zona andina, de cuyos frutos se elabora una especie de chicha.

pado, a fuerza de agarrarse con sus retorcidas tijeretas, un **tag-so**[13] de corta edad, cuyas hojas de figura de potencias y color esmeralda contrastaban con las del viejo árbol, y cuyas flores de pétalos rojos y largo cáliz, y pendientes de delgados pedúnculos se columpiaban mirando su imagen en las dormidas aguas. En la orilla había grama, entre la grama variadas florecillas silvestres, en el río un pajarillo acuátil, negro y brillante como un azabache y de cabeza blanca, que saltando de piedra en piedra y gorjeando alegre parecía acompañar a las ondas en su travesura y ruido. Entre las ramas del molle se veía un nido, por cuyos bordes asomaba la cabeza de la tórtola como un botón de rosa no abierto aún. Por último, excepto el ruido del río y el gorjeo del pajarillo, todo era silencio, misterio, paz. ¡Qué sitio! En él la naturaleza llamaba al alma y la poesía al amor. Juanita acertó a dar con él. Sentóse en la grama, después de haber arrancado maquinalmente una flor del tagso, y se puso triste y pensativa a contemplar el suave vaivén de las olas del remanso. Suspiró; dos lágrimas rodaron por sus mejillas y cayeron como rocío en la flor que había acercado a los labios. Indudablemente se había desatado en su corazón una terrible tempestad, la tempestad del amor y del dolor en rudo choque. En seguida, sin darse cuenta de lo que hacía, comenzó a desprender con los dientes los pétalos del tagso y a echarlos, soplándolos, a las olas que casi le mojaban los pies.

Sonaron unos pasos tras ella; volvió precipitadamente la cabeza y se halló con Antonio junto a sí. Púsose colorada y su primer movimiento fue para ponerse en pie.

—Sigue como estás, Juanita —se apresuró a decirle Antonio, sentándose **incontinenti**[14] junto a ella—. Comprendí la seña que me hiciste con los ojos, y te he seguido y hallado fácilmente.

—Cierto, Antonio, quise hablarte a solas; pero no es para decirte ninguna cosa agradable.

—¿Qué nuevo contratiempo tenemos, amor mío?

......................................

[13] Taxo.
[14] De inmediato.

—No es nuevo: es el mismo que viene persiguiéndonos hace un año; pero que cada día se hace más insoportable. ¿Sabes que me voy de Ambato? O más bien, mi tía me destierra.

—¡Cómo!

—Como me oyes.

—Pero, ¿por qué te destierra?

—Porque nos amamos; porque quiere impedir nuestra unión a todo trance; porque mi tía es muy mala conmigo.

—¡Qué injusta y qué caprichosa es doña Tecla! Te amo, pero mi amor es honesto y puro; te amo, pero mi intento es santificar mi amor con el matrimonio; te amo, y mi único vehemente deseo, si te pido felicidad para mí, es dártela también tan grande y tan cabal cuanto pueda con mi vida de fidelidad, honradez y trabajo. ¿Cómo, pues, se justifica la oposición de tu tía? ¿Acaso mis honrosos antecedentes no le son conocidos?

—Todo cuanto dices es cierto, Antonio; pero ya te indiqué mis sospechas acerca del motivo de esa injusta oposición: ella y yo vivimos de la pensión que tengo en el Tesoro; una vez casada, dejaré de percibirla, y tú eres muy pobre para que puedas reemplazarla; y aun cuando lo pudieses, tía Tecla no dispondría de ella con la libertad con que lo hace ahora.

—Muy probable es tu sospecha. ¡Ah! La pobreza… ¡mi pobreza!… Pero ¿a dónde quiere enviarte?

—A Quito, encargada a mi tía Marta, que quizás sea más fastidiosa que tía Tecla.

—¿Cuándo te vas?

—Dentro de ocho días.

—Pues bien, en estos ocho días abriremos nueva campaña y agotaremos todos los medios. Hasta ahora no he hablado directamente del asunto a doña Tecla, que es tan intratable; pero lo haré mañana. Si se niega, si se obstina, nuestra voluntad allanará de otro modo las dificultades.

—Ya sé tu proyecto: ya me lo has dicho antes. ¡Ah, cómo me repugna! ¿No hay otro arbitrio?

—¿Qué otro nos queda?

—Seguir instando.

—¿Y si ella sigue en sus trece? Mira, Juanita, es preciso que te fijes también en una circunstancia que te hará menos repugnante el acto a que doña Tecla nos obligue.

—¿Cuál es esa circunstancia? —preguntó con viveza la joven.

—Yo sé cuándo naciste y, por lo mismo, cuándo cumples veintiún años.

—Los cumplo el día de mi santo.

—Bien; hoy estamos a 24 de febrero, y dentro de cuatro meses cabales, la ley te habrá dado la libertad que hoy no tienes.

—Es verdad, ¿y entonces?

—Entonces, a pesar de doña Tecla, nos casamos.

—Esto sí es aceptable.

—Con que tengamos paciencia cuatro meses; pero, no obstante, mañana haré la tentativa que te he dicho; pues perder cuatro meses de felicidad, es cosa que me duele.

Habría continuado el diálogo de nuestros amantes, pero los sorprendió un ruido repentino tras el tronco del molle y de unas matas. La sorpresa se cambió en susto, cuando advirtieron que quien hiciera el ruido era el viejo Bonifacio, que se ponía en pie, y tambaleándose y tarareando un yaraví, se dirigía al sitio de la diversión.

Don Bonifacio, vencido de la embriaguez había buscado también la sombra del árbol para echar su siesta. Ni Juanita ni Antonio le repararon, pues trajeron camino opuesto al lugar en que yacía. ¿Escuchó el viejo el diálogo de los dos? Pudiera ser, y en tal caso habrían empeorado de causa, pues todo lo sabría doña Tecla.

Antonio y Juanita, muy tristes, dijéronse algunas palabras de ardiente cariño, y se separaron. Y en tanto la prudencia los obligaba a dar sendo rodeo para llegar por distintos puntos al árbol que parecía estremecerse al ruido del canto, el baile, las carcajadas y el choque de botellas y vasos, ya doña Tecla y don Bonifacio, a unos veinte pasos de distancia, sostenían animada conversación, pero a media voz. Nadie oyó lo que decían; mas la primera puso cara feroz a Juanita, sin decirle palabra, y Juanita palideció; y después poniendo la vieja de lado los ojos para que el tiro fuera derecho, clavó en Antonio una mirada de víbora seguida por una sonrisa y cierto meneo de cabeza que valían por una interjección y un desafío. El buen joven se puso colorado de ira, se mordió el labio inferior, volvió los ojos a Juanita y le dijo con ellos: Estamos perdidos; mas ¡ya veremos!

No faltó el pretexto de doña Tecla para adelantarse, con Juanita y don Bonifacio, a sus compañeros de paseo en la vuelta a la ciudad. **En puridad**,[15] no fue para estos muy sensible la ausencia de los viejos; pero sí la de la simpática y amable joven.

Antonio, desazonado por extremo, no quiso continuar en la diversión, fue a pasar las últimas horas del día recostado y meditabundo en la orilla del remanso.

Durante el camino, doña Tecla se desató en injurias y amenazas contra su sobrina y Antonio. Iba furiosa: —¡Ah! ——decía—. ¡ah, loquilla! ¿Con que ya está arreglado el clandestino? ¿Con que ya vas a cumplir veintiún años para hacer lo que te dé la gana? ¡Perra mal agradecida! Por casarte con un mozo pordiosero y despreciable ¿quieres abandonar a la tía que te ha criado como si fuera tu madre y te ha educado y te ha querido tanto? ¡Infame! ¡Infame! Pero, eso sí; yo soy quien soy; veremos quién puede más. De aquí a Quito mañana mismo; y como yo sepa que sigues con tus locuras, a un monasterio; allí, allí te mantendrás aunque sea de lega o de china; pero no serás mujer de un desnudo sin provecho.

Juanita lloraba sin decir palabra.

Por la noche, después de preparar lo poco que necesitaba para el viaje improvisado de la triste joven, doña Tecla dictaba a don Bonifacio la siguiente carta, y don Bonifacio escribía pintando con tarda mano letras chicas, redondas e iguales en medio pliego de papel de venado, doblado por el medio y cuyas orillas fueron cuidadosamente igualadas con unas tijeras:

...........................

[15] Claramente y sin rodeos.

49

*Ambato, a los 24 días de febrero del año de 1840.*
*A mi Sra. Doña Marta de N. —Quito*

*Querida hermana de mi corazón:*

*Como ya te anuncié el otro día, nuestra sobrina Juanita se halla* **trabucada**[16] *por las cosas que le ha dicho ese desnudo y pillo del Antonio N., y he descubierto que va a salirse de casa con él, lo que sería un escándalo para todo el pueblo y una afrenta para nuestra familia. Como ya te dije el otro día, es preciso evitar esto, y como te dije, conviene que se vaya a tu casa a pasar bajo tu cuidado lo menos un año, pues nuestro hermano político (q. e. p. d.) a entrambas nos encargó su hija, y no debo ser yo sola quien aguante las cosas de esa dementada, que hecha la novia me quiebra tanto la cabeza. Como te dije y ahora te lo repito, es preciso que la tengas muy sujeta, que no la pierdas de vista y no consientas que salga de casa sino para ir a misa, pues como te digo es una dementada, y allá puede ir a aficionarse de algún otro mozo parecido al tal Antonio. Lo demás te dirá nuestro primo Bonifacio, que la lleva, y que como sabes es tan formal y tan honrado y digno de nuestra confianza.* (Aquí don Bonifacio levantó la pluma, volvió a ver a doña Tecla, e inclinando la cabeza dijo «muchas gracias, primita; siempre a tus órdenes y a las de mi prima Martita».

La conclusión de la carta fue, como puede imaginarse, llena de salutaciones, ofrecimientos, etc.

Al siguiente día a las cuatro de la mañana salían de casa de doña Tecla dos personas a caballo, y descendían por las calles del norte de la ciudad. La que iba delante tarareaba una tonada popular, y de cuando en cuando volvía la cabeza y decía a la que iba detrás: —Juanita, tente firme y ni vengas con alguna voltereta que me obligue a desmontarme. ¡Ea! ¡Ea! Traca, traca, traca: hoy tempranito en Mulaló, mañana tempranito en el Tambillo; pasado mañana tempranito a tomar chocolate con la tía Martita. ¡Ea! Traca, traca, traca.

Luego don Bonifacio aplicaba a la boca el pico del cuerno provisto de anisado, y miraba unos cinco segundos a las estre-

..............................

[16] Trastornada, salida del orden natural.

llas. Juanita se enjugaba los ojos en silencio…

Esa mañana misma una criada vieja de doña Tecla entregaba a Antonio una cuartilla de papel, que en letras gordas y desiguales decía: «*Señor enamorado, ya sé todos sus milagros y los de la loca de mi sobrina; y que usted quiere venir hoy a hablar conmigo; véngase, y verá lo que le pasa: aquí le esperan mis criados con buenos troncos y mi perro con buenos dientes*».

Antonio leyó, rompió el papel, y preguntó a la criada fingiendo calma: —¿Y la niña Juanita?

La vieja, que ignoraba si debía o no guardar secreto, le contestó:

—La niña está ya cerca de Tacunga.

—¿Con que se fue?

—Se fue a Quito.

Ya es tiempo de decir algo más acerca de Juanita y Antonio, sus tías y Bonifacio.

Juanita era hija de un jefe veterano de la independencia, que había casado con una hermana de doña Tecla y doña Marta. Enviudó, murió a poco, y al morir encargó a sus cuñadas que criasen y educasen a la huérfana, recabando del Gobierno el **montepío**[17] militar que le correspondía.

Juanita era linda muchacha, alta, gallarda, blanca y algo pálida, de ojos negros y grandes, boca animada de sonrisa dulcísima, y una cabellera castaña, larga y sedeña, envidia de las demás jóvenes ambateñas. Su índole y talento hacían resaltar su belleza.

Doña Tecla, que había cuidado especialmente de la crianza de su sobrina, debía su celibato a su sobresaliente fealdad, genio áspero y otras condiciones muy a propósito para ahuyentar de sí a todo hombre por valiente que fuese. Su pasión dominante era la codicia, y había aprovechado siempre más que Juanita la pensión del montepío.

Doña Marta, menos fea y mala que su hermana, se ha-

.............................

[17] Fondo de dinero que se reúne en base al descuento a algunos individuos, para que luego sea aprovechado directamente por el mismo individuo o por su viuda y huérfanos.

bía separado de ella por evitar las continuas reyertas a que la provocaba, y vivía en la capital. Era sinceramente dada a la piedad; pero ¡quién diantre aguantaba sus escrúpulos y celos! Cambiaba de confesor a lo menos cada mes, porque no había uno que pudiera sujetar y enderezar esa conciencia asustadiza, sombría, inquieta y llena de desigualdades y espinas. Pretendía saber más de teología que todo clérigo y todo fraile, y sus confesiones eran más bien controversias porfiadas, hasta que el sacerdote le daba con la puertecilla de la reja en las narices y ella se iba en busca de otra víctima. No la aguantaban las criadas, las amigas la temían… ¡Imaginen ustedes qué vida se pasaría la desdichada Juanita con su tía Marta!

Don Bonifacio, primo hermano de las dos, era un solterón de sesenta años, como ya lo he dicho, de rostro abotagado y de cabellos entrecanos, ralos y como pegados en mechones por la amarilla serosidad de una cabeza que no había conocido más agua que la del bautismo. Sus gustos, levantar el codo con frecuencia, cantar coplas populares, buscar noticias y transmitirlas a otros curiosos, y fumar papelillos de pie en las esquinas o sentado en el umbral de una tienda. Su profesión, ooo. Pero aunque algo socarrón, era comedido, se santiguaba cuando oía un falso testimonio, y siempre estaba dispuesto a seguir a sus primas, y sobre todo a doña Tecla, en cuya casa vivía y a cuya mesa sacaba la tripa de mal año.

Antonio, huérfano como Juanita, era un joven de simpática figura, honrado y laborioso, condiciones que a los ojos de doña Tecla y de muchísimas doñas Teclas nada valían, porque sobre tales buenas prendas prevalecía la pobreza. Esta para ciertas clases sociales es casi un crimen, y la riqueza, aunque tenga cimiento de crimen, es virtud. Y lo peor es que tal **trocantina**[18] del mundo no tiene trazas de acabarse jamás; por eso vemos nosotros, como lo vieron nuestros tatarabuelos, tanta y tanta gente que se pasa hollando la virtud para buscar tesoros y llegar a ser… virtuosos, y merecer el aprecio y las

..............................

[18] Popularmente, se dice de una riña o pelea. En este contexto se habla de algo confuso y disparatado, que no tiene sentido.

consideraciones de la sociedad.

Antonio se ocupaba en las labores de un huerto que había arrendado a una legua de Ambato, río abajo y en su margen izquierda. Siempre había gustado del trabajo y de una economía entendida y prudentemente practicada; pero redobló su actividad desde que se enamoró de Juanita con el honrado propósito de hacerla su esposa. Cuándo comenzó su amor y de qué manera, no lo sé; lo que llegó a mi noticia fue que Juanita le correspondía; que en ambos la pasión era ardiente; que Antonio había dado a conocer de modo bastante claro a doña Tecla su deseo de casarse con la joven; que doña Tecla se le mostró adversa y puso el mayor cuidado en evitar que los enamorados se viesen y hablasen a solas. ¡Qué necedad la de la vieja!, como si el amor no hablara con los ojos, con la sonrisa, con disimuladas señas; como si no supiera hacer volar misteriosamente papelitos que van a dar a manos de la dama o del galán; como si no supiese saltar murallas o abrir puertas y ventanas resquicios por donde meter la mano o hacer pasar palabras y frases como balas candentes o como ráfagas eléctricas, mientras duermen o se distraen los centinelas y los cancerberos. En punto a estrategia y estratagemas, el amor puede poner cátedra para los capitanes más científicos y experimentados del mundo.

Juanita se pasaba en Quito vida tristísima. Doña Marta le tenía vivo cariño; pero no la desamparaba ni un solo momento, espiaba todos sus movimientos, interpretaba todas sus palabras, seguía la dirección de todas sus miradas; era su sombra: si iba doña Marta a la iglesia, a Juanita había de llevar; si a una visita, con ella; si a paseo, con ella; si la joven se asomaba al balcón, tras ella la bendita tía. Con que vean ustedes si la desdichada huérfana era para envidiada.

Con todo, había inquilinos en casa, y doña Marta, como era natural, solía dormir. Y Antonio hizo de incógnito un viaje a la capital y se entendió con una inquilina, y la inquilina burlando la vigilancia de la patrona, se entendió con Juanita. Hubo más: una mañana, mientras doña Marta al salir de misa se volvió para hacer la reverencia, Antonio y su amada se

53

dijeron cuatro palabras con los ojos:

—Estoy firme: no hay cuidado.

Antonio no podía permanecer muchos días en Quito, y se volvió a su quinta; pero trajo algún consuelo y lo dejó también a la pobre Juanita. Sobre todo, pudo dejar arreglada la manera de corresponderse con ella.

Cerca de cuatro meses habían transcurrido. Una mañana tía y sobrina salían de misa de la iglesia de la Compañía de Jesús, y dieron de manos a boca con un grupo de oficiales que fumaban y charlaban alegremente. Juanita, para embozarse mejor, abrió un instante el pañolón tirando de los bordes a derecha e izquierda, y este acto inocente descubrió su belleza a los ojos maliciosos de aquellos militares. «¡Cáspita!», dijo el más joven, cuadrándose delante de ella, «¿de dónde ha asomado por acá esta maravilla? ¡Por vida de sanes, qué ojos, y qué boca y qué todo!».

Doña Marta se santiguó, tiró del traje a su sobrina y esquivando al oficial apretaron ambas el paso.

—Encomiéndate a la Virgen —decía por lo bajo a Juanita—; di Jesús, Jesús, Jesús.

Y repetía las santiguadas, y casi corría arrastrando a la sobrina. Seguíalas el oficial y decía: —Chica, ¿dónde vives? Mira que quiero ser tu amigo. Señora; oiga señora, no apriete tanto el paso, mire que no soy el diablo ni voy a cargarme con su hija.

—¡Jesús! Vida mía, ¡Jesús! ¡Qué tentación esta! ¡Santo ángel de nuestra guarda! Juanita, mira que no puede una venir ni a misa. ¡Cuándo vuelvo contigo a esta Compañía!

El joven soldado continuó detrás sin contener su torrente de requiebros; ellas al fin se metieron a su casa y cerraron violentamente la puerta. El oficial pudo decirles todavía:

—¿Con que aquí viven, eh? Muy bien, muy bien. Linda, hasta luego; yo volveré y te haré una visita.

—¡Hija, misericordia! —exclamó doña Marta, fatigada y sudando—; hija Juanita, esto está peor que lo del Antonio, peor, peor. Este Satanás de pantalón colorado verás lo que hace. ¡Misericordia! Si estoy medio muerta.

Juanita, que en verdad estuvo también bastante asustada, procuró dominar su emoción y calmar a su tía. Pero esta le dijo al fin:

—Hijita mía, a Ambato, no hay más remedio: te mando a Ambato pronto, pronto. Allá tu tía Tecla verá lo que hace contigo, y tú misma abrirás los ojos, verás tu suerte y no harás la locura de casarte con ese tal Antonio. ¡Un soldado! ¡Jesús me valga! Esto está terrible. A Ambato, hija, a Ambato. Un soldado es peor que mil Antonios: es el mismo enemigo malo.

—Como usted quiera, tía Martita —contestó la joven con modestia; pero no podía ocultar que un rayo de esperanza había bajado a iluminar su corazón, y sonreía y le brillaban los ojos.

—Hijita, cuánto me gusta tu sujeción a mi voluntad. ¿Qué día es ahora?

—Miércoles.

—¿Día de correo?

—Día de correo para el sur.

—¿También para Ambato?

—Precisamente.

—Pues voy a escribir a mi hermana Teclita. Que venga al momento Bonifacio y te lleve.

Se encerró, pues, en su cuarto, y en dos horas largas, piensa que piensa, y pinta que pinta letra tras letra, escribió lo que sigue:

*Mi querida Teclita de mi alma:*

*Después de saludarte con todo mi cariño, es preciso que te diga que la Juanita en todo el tiempo que ha estado conmigo no ha dado qué decir de su persona; es muy buenita y un suelo de humildad; ha oído misa todos los días y ha vivido al pie del confesor. Pero como las tentaciones del enemigo malo no faltan, y a las almas de Dios persiguen más, cata aquí que esta mañana, al salir de misa, el maligno en figura de militar se presenta de repente, y encarándose a nosotras dice a la chiquilla unas cosas del infierno, que de recordarlas me da escalofrío. Y no paró aquí, sino que nos vino siguiendo repitiendo las mismas cosas y otras peores, hasta que nos metimos a la carrera y cerramos las puertas. Yo le dije a la Juanita que diga Jesús y se encomiende a la Virgen Santísima; pero como el demonio es tan atrevido, dijo que habría de volver. Ya ves, hijita mía, en qué está nuestra sobrina, y que es necesario guardarla como a las niñas de los ojos. Con harto sentimiento de mi corazón te digo, pues, que la lleves a tu casa, y que mandes por ella al primo Bonifacio. Yo no puedo cuidarla, porque una pobre mujer desvalida no vale para lidiar con un soldado, y si sucediera alguna desgracia me moriría, y si me descuidara un solo momento tendría que dar cuenta a Dios, y cada una con su propia conciencia tiene de más para vivir temiendo y temblando. Con que, así pues, hijita mía, llévala para Ambato, tú sabrás cómo la libras del tal Antonio. Sobre esto le he echado yo muy buenos sermones, y creo que está bastante convertida. Con que adiós, Teclita de mi alma; yo no dejo de encomendarte a la Divina Providencia, y te pido que hagas lo mismo con esta tu hermana que mucho te quiere, —Marta—.*

*Nota. Por Dios, no te descuides, que venga pronto el primo Bonifacio; pero volando.*

Mientras la tía redactaba esta carta, la sobrina no se descuidaba, metiéndose en una **faltriquera**,[19] que le servía de cuarto de costura, tocador y oratorio, y escribió también una esquela con mano trémula y mala letra, cosa inusitada en ella que la tenía muy regular. La dobló cuidadosamente y puso el sobrescrito; para quién, ya ustedes pueden imaginar. Metióla en el seno y, dirigiendo una mirada tierna y triste a una imagen de la Virgen que pendía de la pared, mirada que fue una súplica y juntamente, quizás, un presentimiento del que la joven huérfana no podía darse cuenta, se encaminó al cuarto de doña Marta.

—¿Ya está la carta? —la preguntó.

—Ya, hijita. Llama a quien la lleve al correo.

Juanita tuvo cuidado de llamar a la inquilina de sus confianzas, a quien al subir las gradas hizo una seña para que pasara tropezando con ella como al descuido, pues la tía estaba

...........................
[19] Bolsillo que se cosía bajo la ropa.

presente.

—¡Jesús, doña Juanita, creo que la pisé! —dijo la mujer tomando rápidamente algo que le daba la joven, sin que lo advirtiese la patrona.

Pocos minutos después la inquilina dejaba en la estafeta dos cartas en vez de una.

A doña Tecla le disgustó profundamente, no tanto lo ocurrido con el oficial, cuanto la necesidad de hacer volver a Juanita a su lado. Su primer pensamiento fue negarse a la solicitud de su hermana, y pedir que encerrase a Juanita en un monasterio, pero algunas reflexiones de don Bonifacio, justas o no, la hicieron comprender que eso no era muy fácil para personas que no tenían valimientos en la capital. Entonces se le ocurrió a doña Tecla enviar a su sobrina al monasterio de Riobamba en donde contaba con apoyo de una religiosa, su parienta.

—Resuelto —dijo a don Bonifacio—; te vas a Quito lo más pronto posible a traer a esa loquilla que me da tantos dolores de cabeza. Durante tu viaje, haré las diligencias con la madre N…; llegas aquí y por la misma a Riobamba sin perder un momento. Ya veremos si la loquilla y el desnudo del tal Antonio pueden más que yo. Tú me conoces: yo soy quien soy.

Don Bonifacio no pudo ponerse en camino sino el lunes siguiente al día en que doña Tecla recibiera la carta de su hermana, y por mucho que anduviera no podía llegar a Quito sino el martes por la tarde, o a lo menos algunas horas después del correo. Así, pues, tiempo había para que Juanita recibiese contestación a la carta que había dirigido a Antonio, y la sucedió. Leyóla, palideció, tembló y regó abundantes lágrimas, que aunque trató de ocultar a doña Marta, no le fue posible, pero esta juzgó que emoción y llanto provenían de la proximidad del viaje, y aun llegó a imaginar que eran señales de lo mucho que la joven se apenaba por la separación de su querida tía, lo cual para esta fue causa de tierna gratitud, y lloró también.

¿Por qué se afligía tanto Juanita? La carta de Antonio rebosaba en amor, en juramentos de fidelidad, en promesas halagadoras, y contenía además un plan de operaciones, como él decía, encaminado a vencer toda dificultad y coronar su deseo mutuo con el matrimonio. El plan, en concepto de la joven, era atrevido y peligroso, y esto quizás la desazonaba. Cuantas veces podía burlar la vigilancia de doña Marta, repetía la lectura y otras tantas temblaba y lloraba.

Además, ¿quién sabe qué otros motivos de temor y pesar se encerraban en su pecho? El amor, aun cuando no es contrariado, pero mucho más si lo es, crece y se desarrolla acompañado de no sé qué amargura, de no sé qué recelo doloroso, de no sé qué presentimientos tristísimos de los que uno no puede darse cuenta cabal. Por eso la persona verdaderamente enamorada nunca está alegre, suspira mucho y derrama lágrimas secretas. ¡Ay! El pasado, por bello que sea, no es más que un recuerdo, el presente tan lleno de zozobras y el porvenir tan obscuro y medroso. ¡Pobre Juanita!

Llegó don Bonifacio bastante cansado, y más que cansado, con la cabeza en malas condiciones y los ojos encandilados, a causa del bendito cuerno, vacío desde el último beso que el buen viejo le diera al pasar el Machángara. Tambaleándose y balbuceante dijo a doña Marta cuanto su hermana le había encargado decir, y saludó y abrazó a Juanita. Después se echó a desollar la **zorra**.[20]

A la mañana siguiente, tomando muy temprano el desayuno de locro, huevos fritos y chocolate, montaron a caballo Juanita y don Bonifacio, y emprendieron el viaje. Precedió naturalmente la despedida, que en verdad fue triste. Doña Marta, llorando, abrazó a Juanita y le dio la bendición, no sin haberle dirigido antes una larga letanía de consejos. Juanita lloraba también, y lloraban enlazándola una y otra vez en sus brazos las criadas y las inquilinas, que habían salido de sus habitaciones para decir el adiós a su querida señorita. «¡Buen viaje! ¡Dios me la lleve con bien! ¡Adiós, adiós!», repetían todas.

..............................

[20] Dormir la borrachera.

Don Bonifacio, antes de echarle la pierna a la cabalgadura, había dado un largo beso a su querido cuerno, nuevamente provisto de anisado.

Las inquilinas salieron a la puerta de la calle para ver a los viajeros hasta que torcieron la primera esquina; doña Marta, con igual objeto, se había asomado al balcón, y mientras con la siniestra se enjugaba las lágrimas, con la diestra echaba a Juanita bendiciones una tras otra.

El trayecto de algunas leguas que hacía el caminante en la última jornada para llegar a la histórica ciudad de los Shyris y de los Incas, a la capital de la presidencia española de Quito, y de la actual República del Ecuador, no era camino, y es punto resuelto por la sana crítica que se le daba ese nombre solo por decencia: pues ¡cómo no se había de llamar camino esa sucesión de fangales, resbaladeros, abras estrechas, gradas de piedras movedizas, que se hallaba en las vecindades de una gran ciudad! Y se le llamaba camino real; ¡qué ironía! En la estación de las lluvias no había **hipérbole**[21] que alcanzara a pintar lo que era aquel trayecto; en la estación seca se ponía magnífico, en el decir de nuestra gente; y magnífico estaba el 22 de junio de 1840, pues don Bonifacio rodó solo tres veces, Juanita se enlodó cuatro en otros tantos fangos y dos más dio consigo en tierra al saltar su caballo sobre unas gradas.

La pobrecilla venía muy melancólica, y ora rezaba con fervor y alzaba al cielo sus hermosos ojos negros, ora lloraba sollozando; ora inclinaba la cabeza y se entregaba por completo a sus pensamientos. Pensaba sobre todo en su querido y fiel Antonio y en el plan que se proponía realizar, quizás ese mismo día, cuando ella menos lo espere, o al siguiente, o al tercero; porque en fin, Antonio no era hombre a quien amedrentaban las dificultades. Cavilando sobre este punto venía, y sin contestar a tal cual palabra que le dirigía don Bonifacio, siempre delantero, pues se había propuesto hablar lo menos posible con el impertinente viejo, cuan-

..............................

[21] Figura retórica que se utiliza para agrandar algo o darle más magnitud. Se utiliza como una exageración.

do penetraron en Falupana. Suelo perpetuamente lodoso y con piedras sueltas esparcidas; peñascos laterales de cuatro, cinco y seis metros de alto, equidistantes dos o tres a lo más uno de otro y sudando en todo tiempo gotas de agua que de minuto en minuto caían dando leve y triste sonido; en la cima de esos muros sombríos y medrosos, una barda natural y espesa de juncos, helechos y otros arbustos silvestres que tendían sus ramas sobre el camino impidiendo su paso a los rayos del sol: esto era Falupana. Aquí se aumentó la tristeza de Juanita. Don Bonifacio se echó un trago y se puso a cantar imitando el «cro cro» de las ranas y el piar de tal cual avecilla escondida entre el chaparro. Media hora después se hallaban en el Tambillo, calle igual y descampada, con hileras de casucas a uno y otro lado, en las cuales solían hallar no muy cómoda posada los cansados viajeros. En una de ellas quiso quedarse Juanita. Pero no lo consintió don Bonifacio, que se había determinado pernoctar en Machachi. Siguieron, pues, adelante.

El camino ya no era malo, pero la tarde se puso nebulosa y sombría. Los chagras anunciaban que esa noche habría nevazón y tal vez llovizna. A las tres llegaron nuestros caminantes al punto en que habían de rendir su primera jornada. Había por ahí una casa en que sonaba un bombo y un clarinete y voces de gente alegre, pues era la víspera de una fiesta que debía hacerse en el pueblo, y los parientes y amigos del **prioste**,[22] dueño de la casa, habían acudido a celebrar el santo comiendo y bebiendo y bailando muchas horas antes de la función de la iglesia. Indudablemente, estos agasajos gentilicios y semisalvajes no eran del gusto del bienaventurado; pero el dejar de hacerlo tampoco era del agrado de sus devotos, como no lo es todavía hoy que ha transcurrido cerca de medio siglo desde la fecha a que me refiero.

Don Bonifacio tuvo por conveniente buscar hospedaje en

---

[22] Persona miembro de una cofradía que se encarga del adorno de los altares, procesiones y otras fiestas religiosas; el gasto por dichos adornos corría por cuenta del prioste.

una casa cercana a la de aquel ruido que le cayó muy en gracia; siempre le parecía buena la vecindad de la gente alegre, y luego, ¿eran pelos de cochino esos traguitos que allí tomaría sin necesidad de destapar su cuerno?

Era esta casa como tantas otras de nuestros chagras; techo de paja que el tiempo y la lluvia había cubierto de una capa de moho verdoso, sobre paredes de un metro de altura; corredor estrecho con dos pilares toscos y torcidos; una puerta al centro forrada de cuero de res; y por dentro, a un lado el hogar formado de tres piedras negras, al otro una tarima de juncos larga y alta, y aquí y allá algunas canastas, ollas y otros utensilios, por entre los cuales se paseaban unos cuantos cuyes.

—¡Casero! —gritó don Bonifacio—, ¿hay posada?

—Sí, señor —contestó un hombre chiquitín, flaco, calado hasta las cejas de un sombrero con funda de **tafilete**[23] y cubierto de un poncho de bayeta que le bajaba a los talones.

—¿Y alfalfa?

—La tenemos.

—¿Y algo que comamos nosotros?

—También.

—¡Magnífico! Pues pie a tierra.

Se desmontó con dificultad; tomó en brazos y bajó también a Juanita, que medio renqueando de cansada dio unos pasos y se sentó en un banco que había en el corredor. En seguida, ató los caballos a los pilares y gritó a una mujer que soplaba el fogón para encenderlo:

—¡Ea! señora, apure usted un poco esa comida, porque ha de saber usted que esta niña y yo tenemos tripa que llenar. ¿Me entiende usted?

—Sí le entiendo, señor —contestó el segundo tomo del posadero asomándose un poco a la puerta, y seguido de una chica de cabeza enmarañada y camisa rota y sucia que le caía hasta los pies. Era el suplemento de la obra, o sea la hija de los posaderos. El tomo segundo era digno del primero: muñeca-mujer, de ojos no muy sanos, nariz en proyecto, caverna

...........................

[23] Cuero curtido, muy brillante y delgado.

por boca y en el cuello tres bolas de billar —**vulgo cotos**—[24] que no son raras en la gente de esa tierra. Su vestido, camisa de ex percal, **brial**[25] de **bayeta**,[26] y... nada más.

Juanita se había arrimado de codos en las rodillas y apoyado la cara en las manos abiertas, en tanto que sin alzar el talón daba con la punta de un pie golpecitos en el suelo.

—¡Qué niña tan bonita! —murmuró la posadera al verla; y volviéndose a don Bonifacio añadió: —Sus mercedes tengan un poquito de paciencia, pues la comida no estará sino a las oraciones.

—Aunque no estuviera hasta mañana —dijo a media voz sin levantar la cabeza Juanita.

—¿La niñita no tiene hambre?

—No, señora

—¡Cáspita! Lo que tiene estar enamorada —observó don Bonifacio en voz baja también—; esta mi sobrina se contenta con mascar ilusiones.

Y dejándola sola se encaminó hacia donde sonaba el bombo tentador que parecía decirle: «Ven, que aquí hay aguardiente».

Durante la ausencia de su tío, Juanita había salido del corredor y daba a paso cansado algunas vueltas por el camino y los contornos de la casa; pero no veía los objetos que iba encontrando, sino solo el fondo de su propia alma, abismo de sombras e inquietudes. La naturaleza no tenía nada que la distrajese, el Rumiñahui, cuyos picachos negros salpicados de nieve brillaban con los últimos rayos del sol, y cuyas faldas cubiertas de raquítica selva franjaba esos momentos parda niebla; y los extensos prados tendidos por todas partes y resonantes con los mugidos de las vacas y los balidos de los rebaños; y el labrador que, entonando su yaraví con el rústico rondador, volvía de rematar su tarea; y las cabañas de cumbres

...........................

[24] Vulgarmente, se dice de los síntomas del bocio, enfermedad de la glándula tiroides, cuya principal característica es la inflamación de dicha glándula o Manzana de Adán.
[25] Faldón.
[26] Tela de lana suelta, poco tupida.

coronadas de humo, nuncio del fin de las fatigas del día, y de la anhelada comida y del descanso: todo esto que en otras circunstancias habría encantado a Juanita, que tenía corazón de poetisa, pasaba entonces desadvertido para ella.

Al fin sacó del bolsillo del traje la carta de Antonio y se puso a repasarla. Andaba y leía; paraba algunos momentos y seguía leyendo, luego la apartaba de la vista y bajaba, dejando caer el brazo a lo largo de los pliegues del vestido, y puesto el índice de la mano izquierda sobre los labios fuertemente cerrados, recapacitaba. En seguida se enjugaba las lágrimas, suspiraba y volvía a la lectura.

Así pasó media hora, y en tanto don Bonifacio, que tornaba de la diversión, donde le fuera bastante bien, se le acercaba por las espaldas. Advirtiólo Juanita, dobló precipitadamente la carta y la metió al bolsillo, con no poca inquietud. El viejo pasó de largo como si tal cosa; pero dilató su boca sonrisa maliciosa y dijo para su sayo: —Con que tenemos cartita; ¡hum! Me alegro de saberlo, y ya la veremos.

En seguida, ayudado por el posadero, quitó las sillas a los caballos y les puso su pienso, quedándose en jarras buen espacio y viéndoles comer.

Eran las seis. ¡Qué hora! En ninguna parte muere el día más tristemente que en el campo. Muere y mata con su lúgubre aspecto la alegría de quien no está habituado a la soledad.

La posadera anunció que la comida estaba lista. Juanita la oyó con indiferencia y don Bonifacio exclamó: —¡Santa palabra! Miren ustedes que ya las tripas se quejaban amargamente.

Corta, baja y negra era la mesa, y de pies no muy seguros, y los asientos dos bancos que reclamaban el hacha para que los hiciese leña. La dueña de casa había cubierto la primera con un trapo jubilado, que quizás comenzó sus servicios por ser falda de camisa, puso al centro un cabo de vela chisporroteadora clavado en el gollete de una botella, y sirvió dos platos de fábrica nacional, contemporáneos del mantel en el servicio de abrasar lenguas de vaqueta: tal era de picante. Juanita y su tío se sentaron frente a frente. La primera tomó con los dedos, pues no había cuchara ni tenedor, la papa más pequeña y la comió con desgana. Don Bonifacio engulló todas una tras otra; y en seguida vinieron sendos trozos de carne en un solo plato, y dos panes, en la ocasión de pasaderos. La joven no pudo vencer las dificultades que oponía a toda diligencia eso que fuera res y que el fuego no había podido convertir en manjar capaz de ser triturado por humanas muelas. ¡Don Bonifacio mismo se declaró vencido!

—Señora —dijo a la posadera algo molesto—, usted nos ha servido carne de **macho**,[27] como dizque se acostumbra por esta tierra.

—Ave María, señor —contestó la mujer algo corrida—, no me tenga usted por mala cristiana, es lomo de vaca.

—Pues la vaca fue su bisabuela, vieja de… Traiga usted un pedazo de queso.

Felizmente lo había fresco y no malo. Juanita lo comió con pan; imitóla su tío; bebieron unos bocados de agua en un jarro de lata, único utensilio de lujo en tan grata posada, y… no hubo más, y se levantaron los manteles, y la buena casera dijo el *Bendito* juntando devotamente las manos y dio las buenas noches.

—Juanita —dijo don Bonifacio—, tú no has comido nada y vas a pasarlo mal.

—No he tenido hambre.

—Es raro: las chiquillas siempre la tienen.

—Yo no soy chiquilla.

—¡Ah! Es verdad, y por eso piensas ya como mujer, en cosas serias; ¿no es así, Juanita?

—Pienso como debo pensar.

—¡Ja, ja, ja! ¡qué Juanita! Tus pensamientos andan… Pues, hija, lo mejor es pensar en dormir.

La joven se mordió suavemente el labio y guardó silencio. Sabía adónde tiraba el viejo con sus palabras y reticencias.

La posadera les pidió permiso para irse un momento a la diversión. La había precedido su esposo; pero les indicó antes que podían pasar la noche en la tarima, en la que había ten-

...........................

[27] Mulo.

dido paja. Don Bonifacio puso encima su pellón, se envolvió en su poncho, y se recostó diciendo:

—Después de la mala comida, mala dormida. Con todo, Juanita, es preciso que me imites, pues tenemos que madrugar.

—No tengo sueño.

El silencio no era completo: parecía que la naturaleza no podía dormir y pasaba mala noche: ladraban los perros, gritaban las ranas, y de cuando en cuando fuertes ráfagas de viento azotaban los costados de la choza haciéndola estremecer; además se percibía bastante claro el rumor de la diversión vecina, y los caballos atados a los pilares daban monótono sonido al masticar la alfalfa. Item: los cuyes como que se divertían también y danzaban bajo la tarima cantando en triple a su manera.

Juanita sacó del bolsillo su rosario de corales y se puso a rezar en silencio. Después pasó largas horas resolviendo sus tristes pensamientos. Confiaba en Antonio, esperaba que cumpliría sus promesas, no dudaba que el plan que le había comunicado era parte de su buen juicio y en el cual habría meditado mucho; quizás al siguiente día, más de seguro al tercero, iba a cambiar la situación de ambos, poco faltaba para que se llenaran sus deseos: se aproximaba el momento de verse esposa del hombre a quien amaba y libre de las impertinencias y tormentos a que la había condenado doña Tecla; y sin embargo tenía en el alma una nube que no la dejaba, y en el corazón un no sé qué amargo y terrible que la mataba. El plan mismo de Antonio la disgustaba pero ¿cómo evitarlo?... Al fin vino el llanto, lenitivo del dolor. Tras este desahogo acudió el sueño: ¡bendito sea! Mas ¡ay! ¡cuántas veces el sueño es también ocasión de desgracias!

Eran las doce de la noche cuando don Bonifacio asomó en casa del divertido prioste. Fue recibido con algazara, y por supuesto, no faltó el agasajo de las copitas. En seguida el viejo se acercó al farol de papel que pendía en la entrada del aposento y se puso a leer con avidez una carta. Después de cada línea decía a media voz: —Amores... requiebros... majaderías. ¡Oh! —dijo al fin—: Aquí está lo bueno, y leyó para sí:

*Es seguro que saldrán de Quito el 22 y que harán tres jorna-*
*das; yo, acompañado de mi amigo N.N. y de mi sirviente, saldré*
*a tu encuentro en cierto punto del camino que yo sé; entonces te*
*pondremos al centro y partiremos camino del pueblo N. El viejo*
*Bonifacio se opondrá, gritará y se desesperará; pero seremos tres*
*contra uno, sin contar contigo, y todas sus cóleras y sus chillidos*
*serán inútiles. El cura del pueblo de N. es mi pariente y mi ami-*
*go: con él allanaremos volando las dificultades que se presenten y*
*dentro de tres o cuatro días nos habrá dado la bendición. Si nos*
*descubren y doña Tecla quiere hacer de las suyas, le daremos en*
*la cara con tu fe de bautismo que ya está en mi poder. Con que,*
*amor mío ¡ánimo! ¡mucho ánimo!*

«¡Aaah!», dijo al terminar don Bonifacio, en cuyas manos
temblaba la carta: «La cosa es seria. Con que el tejemaneje
va por ahí. ¡Pícaros! Y esa mojigata de la Juanita, que parece
que no quiebra un plato. Bueno, bueno: a mí no me la pegan.
Tres contra uno; ¡hum! A otro tonto con esa: yo… pues veremos… no me faltarán arbitrios… A mí no me la pegan».

El viejo caviló un buen espacio, y al fin se dijo, dándose
una palmada en la frente: —**¡Caletre!**[28] Ya dije que a mí no
me la pegaban: esto es: asunto concluido. ¡Me lucí! ¡Ja, ja, ja!

Y se retiró a la posada, después de guardarse la carta en el
bolsillo de la chaqueta.

Juanita seguía en profundo y sosegado sueño. Antes de las
cuatro de la mañana le gritó don Bonifacio: —Sobrina, ya es
hora: ¡ea! los huesos de punta ¡al caballo!

La joven se recordó sobresaltada y el viejo salió a arre-
glar las cabalgaduras. Había encendido el cabo de la vela que
sobrara la víspera, y Juanita quiso dar una nueva mirada a la
carta, acudió al bolsillo ¡y no la encontró! Imagínense la sorpresa, el disgusto y la pena que esto le causaría. Volvió a meter
la mano en el bolsillo, sacó el pañuelo de narices y lo sacudió,
se palpó el seno repetidas veces, removió la paja, anduvo a
gatas por el aposento, ¡y nada! Se aumentó su palidez, estaba

..............................

[28] Capacidad (uso coloquial).

66

fatigada, temblaba.

—¡Dios mío! ¿Qué fue? ¿Qué se me hizo? —repetía en voz muy queda.

En estos afanes y angustias la encontró don Bonifacio.

—Juanita mía, ¿qué buscas?

—Nada.

—¿Qué has perdido?

—Nada.

—Pero, hijita, si veo que buscas algo y estás inquieta.

—Se me ha caído…

—¿Qué cosa?

—Una cosa.

—¿El pañuelo?

—¡Qué pañuelo!

—Si no es de importancia déjalo y vamos que la jornada de hoy es larguísima y no podemos perder tiempo.

—¡Dios mío!

—¡Eh! Bien digo que estás inquieta, y a mí me vas molestando con tus tardanzas. ¡Vamos! ¡A caballo!

—Pero… si aquí la tenía.

—¿Qué tenías en el bolsillo?

—No le importa saberlo.

—Si fue algo que pudieran comerlo los cuyes, no cuentes con eso: se te cayó, lo agarraron entre diente y diente, y no hay más. ¡Vamos, niña! ¡Al caballo! Lo perdido, perdido, y no hay sino dejarlo.

Don Bonifacio hizo pago al posadero, ayudó a cabalgar a Juanita, mientras este tenía con la diestra la brida y con la otra mano el estribo que pisaba la joven para subir trabajosamente a la silla: montó el viejo y echaron a caminar.

La mañana era obscura, lloviznaba, soplaba incesante viento y era intenso el frío. El viejo cantó con voz gangosa:

*Quiero más bien que me falte*
*la funda y el encauchado,*
*y que no el frío me asalte*
*sin cigarro ni anisado.*

Y dio un toque al cuerno y encendió un papelillo:

—Estoy alegre —dijo, y siguió cantando.

*Sin repugnancia ni quejas*
*de mulo más bien haré;*
*pero ser paje de viejas,*
*libéranos, Domine.*

—¡Ja, ja, ja! ¿Qué te parece, Juanita? Pero estos versos no son para ti que eres joven y linda. Hijita, sirviéndote de paje daría yo la vuelta al mundo.

Juanita iba tristísima y por extremo turbada e inquieta, y apenas paraba la atención en las burlas de su impertinente compañero. Fijaba la vista aquí y allí, a derecha e izquierda del camino, pero no veía sino sombras y las masas informes de los matorrales que se levantaban a las orillas de las zanjas.

«¿Dónde estará?», pensaba; «¿si estará por aquí?, ¿cuándo asomará?» Y a veces la fantasía le presentaba tres jinetes que salían a su encuentro; «¡Antonio!», murmuraba, y se estremecía; pero lo que había visto eran matas obscuras que sobresalían de las demás. «¡Un ruido!... ¡vienen!... ¡se aproximan!...» Era el ruido de un arroyo que caía al fondo del barranco.

A don Bonifacio se le había pasado el momento de buen humor y llevaba consigo un compañero malísimo en toda ocasión, pero sobre todo en la soledad y entre las sombras: el bendito miedo.

—¿Si estarán por aquí estos bribones? —se decía—; ¡guapa me la pegaría! Yo solo, ellos tres, esta loquilla determinada... ¡Hum! ¡hum! Hasta Tiopullo ¡qué peligro! ¿Y si en Tiopullo nos aguardan?...

Y el viejo veía también fantasmas y temblaba.

Pero no hay noche eterna, ni fantasmas que no se desvanezcan, ni miedo que no pase. Amaneció. Seguía cayendo una llovizna que semejaba polvo, a través de la cual se veían todos los objetos confusos y vagos. Hallábanse nuestros viajeros en la cima de la cuesta de Romerillo; a la derecha se descubría la pequeña selva de Monte-redondo, a la izquierda había unos cuantos árboles propios de aquella fría región; y árboles y arbustos destilaban abundantes gotas que el aguacerillo depositaba en sus hojas y flores. Los mirlos cantaban aquí y allá metidos entre las ramas, y los conejos saltaban y huían sacudiendo la mojada grama, al aproximarse los caminantes. El día se despertaba alegre como siempre, pero estaba contrariado por la naturaleza que había querido llorar a esas horas, y rehusaba quitarse su manto de nieblas. Buena estaba para compañera de Juanita.

—¡Eh!—dijo don Bonifacio—, ya tenemos luz, ¡gracias a Dios! En la obscuridad no hemos tenido ladrones. ¡Quién sabe si en la claridad no vengan a hacernos una diablura! Con todo, más vale tener luz que sombras. ¿Qué dices, Juanita? ¿No tienes miedo? Yo sí lo tengo. Mira, no tardaremos en atravesar Tiopullo, guarida de ladrones. Después no habrá motivo de temor.

La joven nada contestó.

—¡Eh! Juanita —prosiguió el viejo—, ¿has enmudecido? Yo creo que lo que perdiste esta madrugada en el **tambo**[29] fue la lengua.

Juanita prosiguió en silencio.

—¿Quieres echarte un buche? Mira que en este frío de los diablos provoca darle un beso a mi cuerno.

Juanita en sus trece: calla que calla.

Don Bonifacio se alzó de hombros, levantó el codo largo rato y no volvió a chistar.

La joven había sospechado que fue su tío el ladrón de la carta, y el enojo vino a acompañar su tristeza, y se aumentó su inquietud. Sin embargo, mucho había que caminar, y quizás luego, quizás más tarde, quizás por la noche… En fin, Antonio cumpliría su palabra.

Dejaron atrás la explanada de Huincha y llegaron a la Cruz de Tiopullo. En sus inmediaciones y a la derecha se hallaba la entrada de un camino estrecho que tocando en algunos pue-

...........................

[29] Lugar para hospedarse.

blos de Latacunga y dando un gran rodeo iba al fin a dar a las cercanías de Ambato. En esta división de los dos caminos se detuvo don Bonifacio, y volviéndose a Juanita le dijo con sonrisa maliciosa y en tono de triunfo: —Hijita, por aquí.

—¿Por aquí? —repitió la joven dolorosamente sorprendida.

—Como lo has oído.

—Pero si no es este el camino.

—Camino es y bueno, y en él no hay ladrones.

—¿A dónde vamos por aquí?

—A Ambato.

—¡Si se da una vuelta inmensa!

—No importa.

—Si no hay posadas y…

—No importa: esta noche llegamos a casa.

—¡Pero tío!

—¡Pero sobrina!

—Yo no me voy por aquí.

—Tú irás, quieras que no quieras.

—Váyase usted solo, que yo sigo adelante.

—¡Ja, ja, ja, loquilla! Sígueme.

—No quiero.

—¿Qué?

—Que no quiero.

—Pues yo sí quiero. ¡Adelante!

Y el viejo, poniéndose detrás, dio un fuerte riendazo en las ancas del caballo de su compañera, que disparado y poniendo en riesgo de una caída a la joven, se metió por el derecho.

—¡Qué despotismo! ¡Qué crueldad! —exclamó la infeliz, agarrándose con ambas manos del pico de la silla.

—Hija, si lo hago por salvarte: mira que en el camino real te esperan ladrones.

—Comprendo por qué me dice usted eso.

—¿Lo comprendes? Me alegro. ¡Ja, ja, ja! A mí no me la pegan.

—Está bien, pero…

—Pero ¿qué?

—Pero no siempre mi voluntad estará sujeta a la voluntad ajena.

—Calla, tonta, y camina. ¿Dónde hallaste la lengua que se te perdió en el tambo?

Juanita conoció que era inútil continuar lidiando con su tío, y que era preciso ceder a la mala estrella que la perseguía. No volvió a desplegar los labios sino para dar salida a los sollozos que atropellados se le escapaban de lo más hondo del pecho. Media hora después el pañuelo que llevaba en la mano estaba empapado de tanto aplicárselo a los ojos.

Caminaron todo el día, la llovizna había cesado, el sol los quemó largas horas, y el viento los envolvió muchas veces en nubes de polvo. Por la tarde la nevazón, que no había cesado en las cimas de los Andes, descendió a las llanuras y volvió a caer lluvia menuda que azotaba los rostros de los caminantes. Tales son los cambios atmosféricos en nuestras serranías. Vino el crepúsculo, cerró la noche, ¡y faltaban todavía leguas por andar! Los jinetes se hallaban maltratadísimos del cansancio, y los caballos, con las cabezas inclinadas, apenas andaban. ¡Era para menos una jornada de más de veinte leguas!

Eran las diez de la noche, de una noche semejante en todo a la actual: así lluviosa, así ventosa y fría; y el río crecido y negro como ahora, como ahora bramaba también de manera que producía espanto. El socavón que tenemos aquí cerca, abierto en el recodo que forma el barranco, no alcanzaba a recibir todo el inmenso caudal del río, y las ondas, atorándose en la estrecha garganta, saltaban y retrocedían con violencia, levantando crespos penachos que luego caían y se derramaban en el antiguo cauce, formando otro río considerable y no menos precipitado. El barranco temblaba al choque de la mole de agua contra los bordes del boquerón, y con el furioso hervir de las que pasaba por debajo y el ruido era semejante al de un volcán en los momentos de la erupción. Todo era terrible y amedrentaba el alma: el cielo, donde no brillaba ni un solo lucerito, las sombras densas que cubrían la tierra, el río que descendía como fantástico monstruo a tumbos y saltos y amenazando ruina a todo cuanto se hallase en sus márgenes, y la soledad y el

71

silencio, pues parecía no haber más ser viviente que ese temido elemento, ni se escuchaba otra voz que la suya.

Esto que es hoy la amena quinta de La Lira, por entonces no era sino un erial, interrumpido solo por tal cual pedacillo sembrado de tunas y dos o tres chozas de gente miserable. La noche memorada y a la hora dicha se presentaron dos montados delante de una de esas cabañas. Estaban empapados de pies a cabeza y temblaban de frío; y los caballos daban señales de estar muy cansados. Es excusado decir que eran don Bonifacio y Juanita, que siguiendo siempre el dilatado camino vecinal del occidente habían venido a caer aquí.

—¡Casero! —gritó don Bonifacio—. ¡Casero! ¡Casero!

Al tercer grito contestó una voz de hombre soñoliento desde el fondo de la choza.

—¿Quién es?

—Un caminante.

—¿Qué quiere?

—Que me guíes hasta el puente de La Delicia.

—No puedo.

—Pues hasta el de Atocha.

—No puedo.

—Mira que no lo harás de balde: te pagaré una peseta.

—Aunque me pague un peso. ¿Y para qué quiere irse por La Delicia o por Atocha?

—Pues, hombre ¿para qué ha de ser sino para pasar a Ambato?

—Si usted quiere pasar volando…

—¿Cómo es eso?

—Quiero decir que no hay puentes: ambos se los llevó la avenida.

—¡Diajos! Juanita, nos amolamos.

—No ha quedado —añadió el casero—, otro paso que la **tarabita**[30] de Pishilata.

..............................

[30] Artefacto utilizado para cruzar los ríos que no tienen puentes. Consistía en una especie de cesta de cuero, suspendida de un cabo tendido de orilla a orilla.

—¡Linda noticia! ¿y quién da esa vuelta?

—Pues no la dé.

—Dime, amigo, ¿va mucha agua fuera del socavón?

—Bastante.

—¿Se puede vadear?

—Qué sé yo.

—Pero, hombre, si va mucha agua…

—Pues, señor, si va mucha agua no se vadea.

Don Bonifacio guardó un momento silencio. El caso era apurado, aunque podía vencerlo con solo quedarse a pasar la noche en la quinta de Atocha, donde yo residía con mi madre y mi abuela que eran tan bondadosas y habrían acogido con gusto a los dos caminantes. O no se le ocurrió o no quiso don Bonifacio adoptar este medio, y sesgueando a la izquierda por unas torcidas callejuelas de cabuyos, descendieron al río, él delante, Juanita detrás, muda, triste y aterrorizada. Detuviéronse a la orilla del brazo del río que arrancaba de la boca del socavón. Allí, en medio del pequeño semicírculo que forma dicho brazo para juntarse con el río principal, y en medio de unos árboles de molle y capulí, había una cabaña habitada por una excelente familia algo conocida de don Bonifacio.

—¡José! ¡José! —gritó este y la contestación no se hizo esperar—. Me alegro de que no hayas estado dormido.

—¡Señor, qué se ha de dormir con este ruido de los diablos! —y diciendo esto salió José a la puerta de la choza—. ¡Ah! El caballero Bonifacio —añadió—, no le había conocido. ¿Qué hace señor, por aquí, a estas horas? Buenas noches.

—Vengo de Quito y voy a Ambato.

—¿Y la señora? —continuó el mozo acercándose al grupo.

—Es Juanita.

—¡Ah! La niña Juanita. Buenas noches, niña.

—Dime, José, tú que conoces a tu vecino…

—¿A cuál vecino?

—Quiero decir a tu río. Dime, pues, ¿estará vadeable?

—Hasta un poco entrada la noche era imposible, pero ha ido mermando la avenida, y ya se puede pasar.

—Con que si rebajado el río está todavía que brama como

un diablo, ¿qué sería antes?

—Señor, era cosa de espanto. No ha quedado un puente.

—Ya lo sé. Pero, vamos, lo que conviene es que nos enseñes el punto menos peligroso para ponernos del otro lado.

—Hágalo, señor, si los caballos son buenos y no están cansados.

—¿Los caballos? ¡de primera! Un poco cansados… Pero…

José se acercó y examinó el par de bestias.

—Cierto —dijo—, ¡qué caballos! Este blanco que monta la niña es un elefante. Niña, no tenga miedo. Hace media hora pasaron tres caminantes, y con no ser sus caballos ni la mitad de estos, salieron al otro lado sanos y salvos.

—¿Tres caminantes? —preguntó don Bonifacio sin poder ocultar su sobresalto.

—Sí, señor, y personas decentes.

—¿Los conociste?

—No, señor.

—¿Tenían trazas de forasteros o te parecieron ambateños?

—No pude fijarme. ¡La noche estaba tan obscura!

—¿Hablaban?

—Sí, señor.

—¿Les entendiste algo?

—Poco. Uno de ellos se quejaba de haberle salido mal no sé qué empresa.

—¡Diajos! —dijo entre sí don Bonifacio—, ¡de qué nos hemos escapado! Y todavía hay algún peligro. ¡Lindo fuera que se me pegaran después de tanto rodeo y tanta mecha! Esto sería quemarse el pan en la puerta del horno. Pero ¿quién va a suponer que a esta hora y en esta noche tan obscura y lluviosa se atreva nadie a caminar con una mujer? ¡Vamos! Nadie me la pega. Pasemos. José —añadió resueltamente—, enséñanos el punto más vadeable.

—Con mucho gusto, señor; pero aguarde un momento mientras preparo un mechón de paja.

Juanita, que no había perdido ni una sílaba de la última parte del diálogo, se estremeció y sintió oprimírsele el alma, y acudieron a su mente todos los pensamientos que ya se puede

74

suponer. Antonio había salido en busca de ella; había pasado mal día; se había cansado y aburrido y, fallida la empresa, se volvió triste y sin saber qué juzgar de su amada. Se quejaba, según ha dicho José. Interiormente maldecía la joven a su viejo tío, causa de tanto contratiempo.

José encendió el mechón de paja; don Bonifacio le dio a beber de su cuerno, y bajaron.

—Este es el vado —dijo el mozo deteniéndose—. ¡Oh! Ya esto no es nada: puede uno pasarlo a pie.

—¡Cómo no es nada! —habló por fin Juanita: —si hay mucha agua y tan precipitada.

—Nada, nada, en efecto —agregó don Bonifacio—; si esto parece solo una acequia.

—Tengo mucho miedo.

—Miedo infundado.

—Tengo horror.

—¡Cobarde!

—Yo no paso.

—¿Volveremos a lo de Tiopullo?

—¡Bárbaro!

—Mira, Juanita, el anisado quita todo miedo y horror: échate un trago.

—Peor con eso, pues solo de ver el río se me va poniendo muy mal la cabeza, y me da vueltas el mundo.

El viejo no la instó; pero aplicó los labios al cuerno, levantó el codo y estuvo largo tiempo con la cara vuelta al cielo que le echaba su **cernidillo**.[31]

—Con que, Juanita, ¡adentro! —dijo en seguida.

—No paso —repitió ella—; me quedo en casa de José hasta mañana.

—¡Qué más te quisieras! ¿Me tienes por un zopenco?

—Pero, tío, ¡por Dios! ¿quiere usted matarme?

—Lo que quiero es llevarte a tu casa, y te llevaré.

—¡Bárbaro!

—¡Vamos!

..............................

[31] Lluvia menuda, que semeja el líquido que cae de un cernidor.

Y poniéndose detrás el viejo repitió lo que hiciere en Tiopullo: dio un riendazo en las ancas al caballo y este se precipitó al río.

—¡Jesús! —exclamó Juanita—. ¡Hombre bárbaro!

El bárbaro metió con fuerza las espuelas a su caballo que de dos saltos y levantando plumas de agua tomó la delantera al de la joven.

—¡Sígueme sin miedo! —gritó don Bonifacio.

—¡Ánimo, niña, ¡ánimo! —gritaba también José desde la orilla, levantando el mechón que no tardó en apagarse.

El agua azotaba el costado de las cabalgaduras subiéndose hasta dar en las cinturas de los jinetes; aquí tropezaban los fatigados brutos, allá resbalaban, más allá se hundían; pero la fuerza de la corriente, si los obligaba a descender, no podía voltearlos. Don Bonifacio los animaba a gritos; Juanita se agarraba con ambas manos del pico de la silla; mas tenía en tal estado la cabeza que le parecía que las olas subían en vez de bajar y que el vado se ensanchaba a medida que ella se acercaba a la margen opuesta. Pasaron al fin. En la orilla, veinte varas abajo del punto por donde penetraron en el agua, había un salto. El caballo de don Bonifacio asentó en el borde las manos, hizo un gran esfuerzo y se puso en seco. El de Juanita lo imitó con más trabajo y dando fuerte sacudida.

—¡Jesús me valga! —exclamó la joven con voz desfallecida.

—¡Ea! ya no hay cuidado —contestó el viejo—. ¿Ya ves que no había motivo para tanto miedo y tantas alharacas? Pero este paso, como quiera que sea, merece cuatro buches de seguida. A ti para qué es decirte nada: seguro es que volverás a desairar mi cuerno.

Bebió en seguida; luego prendió un papelillo, volvióse a mirar a su compañera, y espoleando su caballo dijo:

—Sígueme; y ahora sí no hay más ladrones, rodeos ni vados, y dentro de media hora vamos a despertar a su tía Tecla, que debe estar ya en lo más dulce del sueño. Ella nos espera mañana. ¡Ja, ja, ja! Qué sorpresa vamos a darle.

Los últimos tragos habían hecho efecto más que regular

en la cabeza del viejo y comenzó a inclinarse a la derecha, a la izquierda, adelante y atrás, como sauce movido por el viento. Luego se dio a cantar; pero su voz trémula y confusa dejaba apenas oír, entrecortada, esta estrofa:

*Ojitos de indio borracho,*
*nariz de pupo de lima,*
*boca de bolsa rasgada;*
*¡Bonita es mi carishina!*

—¡Juanita!... qué te... parece... No digo... esos... versos... por ti... ¡Linda!... ¡Eh!... linda... Juanita.

Y calló, y se durmió, y ya no se oía sino el golpear de los cascos en las piedras del camino y el jadear de los caballos, y el ruido de las rodajas de don Bonifacio. Felizmente esas bestias habían andado mil veces por allí e iban a sus casas. Subieron la primera parte de la cuesta de Cashapamba, tomaron a la izquierda, y desde el punto en que, a la izquierda también, hay una bonita quinta y a la derecha un mal tambo, entraron en camino llano. A poco, al mismo diestro lado, hay la entrada a un callejón estrecho y tortuoso, y el camino principal sigue ligeramente empinado y cubierto de arena. Los caballos se inclinaban a tomar el callejón; pero se había oído unos segundos antes fuerte tropel que se acercaba por detrás. Eran tres montados que venían al galope. Los caballos de nuestros viajeros se excitaban con el ruido, don Bonifacio recordó y echó un «¿Quién va?» con voz balbuciente. Mezcláronse unos jinetes con otros, el viejo quiso detener el caballo de Juanita y se atravesó en el camino; pero dio en tierra, logrando apenas detener su rocín por las bridas. El de su compañera... voló en medio de los demás.

No obstante el estado de su cabeza, el viejo penetró la gravedad del caso y comenzó a gritar entre iracundo y desesperado: —¡Diajos! ¡me la pegaron! ¡Juanita!... ¡Juanita!... ¡Juanita del...! ¡Carambas!... ¡Antonio!... ¡ladrón Antonio...! ¡malvado! ¡canalla! ¡Pero me la pagarás!

Y al mismo tiempo sofrenaba el caballo y buscaba el estribo para volver a cabalgar; pero la embriaguez, la turbación y la oscuridad se lo impedían.

—¡Diajos! ¡Me la pegaron! ¡Quién lo hubiera pensado! Y ahora ¡qué dirá mi prima Tecla! ¡Con qué cara me presentaré a ella! ¡Ay, ay, ay! Va a rabiar y a echarme de su casa. ¡Ay, ay, ay!

Y se puso a llorar.

Quiso consolarse con su cuerno; pero el último beso le había dejado seco.

Al fin pudo pisar el estribo y cabalgó, no sin gran esfuerzo; se inclinó a la derecha para tomar la acción y dar con el segundo estribo, perdió el equilibrio y cayó de nuevo. ¡Vamos! El pobre viejo estaba de mala espalda; y lo peor es que ahora soltó las bridas y el caballo se alejó. Anduvo un trecho con las piernas y los brazos abiertos, echando tacos soldadescos y repitiendo ¡sho! para ver de hacer parar al rocín. Dio con él, se santiguó a fin de neutralizar los malos efectos que podían producir los tacos, y tornó a montar. Su primer designio fue volar en seguimiento del raptor de Juanita; mas recapacitó y vio que era imposible darle alcance. Y luego ¿qué iba a hacer solo contra tres? Lo mejor era comunicar cuanto antes el suceso a doña Tecla, volar a la policía, levantar gente y ponerse en persecución de los prófugos. Se metió por el callejón, rasgó las ijadas al caballo, que hizo los últimos supremos esfuerzos que pudo para trotar largo, después de diecinueve horas de viaje, y llegó a la ciudad.

Doña Tecla se hallaba en el primer sueño, pues eran las once de la noche; mas se recordó con los golpes que don Bonifacio daba a la puerta de la calle, y mandó a la criada que saliese a ver quién era el que metía tanto ruido. La criada conoció por la voz al viejo, abrió la puerta y, viéndole solo, se apresuró a preguntar:

—¿Y la niña?

—No viene —contestó con disgusto don Bonifacio.

El telégrafo de las criadas es muy antiguo, especialmente para transmitir malas noticias; ni un segundo tardó el que no viene la niña en llegar a oídos de doña Tecla.

—¿Pues quién viene?

—El señor Bonifacio.

—¿Solo?

—Solito.

—Si no debía llegar ahora; ¡algo ha sucedido!

Y doña Tecla, entre tanto, se sentaba en el lecho.

—En efecto, Juanita no viene —dijo don Bonifacio metiéndose a la pieza obscura en que oía la voz de su prima.

—¿Qué significa esto, primo Bonifacio?

—¿Qué ha de significar, primita, sino que el diablo ha metido la cola en el negocio?

—Explícate.

—Pues me la pegaron, ¡diajos!

—Pero, ¿qué ha habido?

—Que el bribón del tal Antonio cargó con la Juanita.

—¿Qué estás diciendo?

—Lo que me oyes.

—¡Y tienes valor de venirme con esa noticia? ¡Ah, pillo! ¡Ah canalla de ese desnudo! ¡Y esa loquilla!, ¡esa malvada de la mojigata de mi sobrina! Y tú, viejo gallina…

—Alto ahí, prima Tecla.

—Y tú, digo, ¿no has sido capaz de cuidar de esa muchacha? ¿Te has dejado embobar de ese miserable de Antonio?

—Escucha, Teclita: ¡si no sabes lo que hay!

—Pues, ¿qué? Lo que hay es que Juana ha sido robada, que está deshonrada nuestra familia, y que tú has contribuido a ello.

—¡Tecla, por Dios! Cálmate un poco y escucha, y no seas tan injusta.

En cuatro palabras impuso a su prima todo cuanto había ocurrido, y añadió:

—Aquí tengo la carta que pone en claro todo el complot y que me justifica; encendamos la vela para que la leas.

Sacó del bolsillo la herramienta, golpeó repetidas veces el pedernal que echó centellas, se prendió la yesca, encendió un papellillo, que entre tanto había permanecido preso atravesado en los labios del viejo; en la candela del tabaco aplicó doña Tecla un **pábilo**[32] bañado en azufre, la llama del pábilo pasó a la vela. La tía de Juanita arrebató la carta de manos de su primo, e inclinándose fuera de la cama para acercarse a la luz, y poniendo el papel junto al ojo derecho, mientras la puntería del izquierdo daba a la pared, leyó… Ya saben ustedes lo que leería. Después de cada frase de la carta amorosa de Antonio, que temblaba en manos de la vieja, esta soltaba alguna palabra reveladora de la tempestad de ira que arreciaba en su alma:

—¡Bribón!… ¡infame! ¡Esa muchacha malvada!… ¡Esa ingrata!… ¡Darme este pago!… ¡Cómo no vomito sangre! ¡Cómo no me muero!

Al fin estrujó el papel dando un rugido, y don Bonifacio creyó que iba a caer con pataleta.

—Teclita, cálmate —le dijo—, y sobre todo, no rompas la carta, pues nos ha de servir ante el juez.

—El juez; dices bien. No perdamos tiempo; veamos al comisario de policía, a todos los jueces, para perseguir a esos canallas: los he de perseguir hasta el fin del mundo y los he de hacer castigar. Para algo habrá justicia. Y no se han de casar. A la mojigata la he de meter en un convento, aunque sea para china de monjas. Yo valgo más que ella; yo puedo más. A doña Tecla de N… no se la burla ni se la infama… ¡Canallas!… ¡infames!…

Y saltando del lecho mal forrado en un camisón que la ponía semejante a una de aquellas almas santas que nuestros rústicos campesinos sacan en las procesiones, se vistió precipitadamente, envolvióse en un pañolón y, precedida de la vieja criada que llevaba un farol, salió con don Bonifacio en busca del comisario.

Este tomó a pechos el asunto, pues no quería perder ocasión tan excelente (era comisario nuevo) de lucir su actividad y energía. Con todo, y a pesar de sus diligencias y afanes para reunir una escolta, armarla y montarla a caballo, se pasaron largas horas, causando angustias a doña Tecla y aumentando

........................

[32] Mecha de la vela.

su cólera. La escolta se dividió en tres grupos a fin de perseguir a los prófugos por distintas direcciones. El comisario en persona, acompañado de don Bonifacio y de cuatro gendarmes, se resolvió a caer de improviso en la quinta arrendada por Antonio.

El río había bajado mucho, y lo pasaron sin peligro, aunque con no poco miedo del valiente empleado público.

Al descender la bajada que iba a terminar en la quinta comenzaba a rayar la aurora y se oía tal cual voz de las aves que saludaban en el huerto tendido allá a la orilla del río. El cielo se había desembarazado de la mayor parte de las nubes negras que lo cubrían la víspera, y dejaba ver algunas estrellas, pálidas con la proximidad del día; las lomas de los contornos iban enseñando sus perfiles irregulares y las matas que crecían en sus pendientes costados; grupos de neblina semejantes a copos de algodón cargado se movían perezosos aquí y allá a lo largo de la ribera, y soplaba un vientecillo frío, pero agradable, que hacía inclinar las pajas de los bordes del camino y silbaba suavemente entre las ramas de los molles y de las **chilcas**.[33] Los peros, los duraznos y otros árboles exóticos, fieles a su costumbre en el clima nativo, se habían desnudado en el invierno y presentaban aspecto ceniciento y triste; los árboles indígenas y los naranjos y limoneros, burladores del frío y del viento, conservaban su pomposo y alegre vestido, y hasta el lujo de sus plateadas flores y de sus pomos de oro.

El comisario y sus compañeros encontraron algunos indios que bajaban al río, en busca de los troncos y ramas que la avenida pudiera haber dejado en las orillas, y que aquellos infelices, aun hoy en día, suelen ir a recogerlos para proveerse de leña.

Cerca ya de la casa, don Bonifacio se acercó al comisario y le hizo notar en voz baja que había en el patio tres caballos con sillas, y gente que iba y venía.

—¡Eh!, —añadió—, como que los vamos a pillar descuidados y mansitos. Piquemos.

..........................

[33] Arbusto que crece en las laderas de casi toda Latinoamérica.

En lo de los caballos y la gente, el viejo no se engañaba. Apresuraron el paso y penetraron todos en tropel al patio. ¡Qué sorpresa para Antonio, su amigo N... y el paje! Arrimados al pasamanos del comedor y con polainas y espuelas, se ocupaban todos en vaciar sendas tazas de humeante agua de azúcar con anisado y en comer unos bizcochos. La sorpresa hizo soltar a Antonio su taza que se volvió pedazos.

—Caballeros —dijo sin embargo, saliendo al encuentro de sus extraños huéspedes, a quienes no conoció de pronto por lo escaso de la luz—, ¿qué se les ofrece a ustedes?

—¿Qué se nos ofrece? —contestó el comisario con tono agrio y poniendo muy mala cara al joven—; ¿qué se nos ha de ofrecer, sino agarrar a ustedes y a su presa?

—¡A mi presa! Señor...

—Como usted lo oye: soy el comisario de policía, y es mi deber pesquisar los crímenes, y sepa usted que de mí nadie se burla.

—No he cometido crimen ninguno.

—¿Cómo ninguno? ¿No es crimen el rapto de una joven?

—¡Señor comisario!

—No perdamos tiempo. Entregue usted al punto a la señorita Juana N..., y dése preso a la justicia: se lo intimo en nombre de la ley.

—¡Señor comisario!... Juanita N...

—¡Pillastre! —dijo don Bonifacio—, creíste pegármela y quedarte con el hecho; pero te has equivocado.

—¿Qué dice usted? —preguntó Antonio encolerizado con el insulto y encarándose con el viejo, a quien pudo conocer al fin.

—Digo que tú te robaste anoche a mi sobrina, y que...

—¡Juanita!... Juanita no está conmigo.

—¡Y lo niegas, **tuno**![34]

—¡Viejo!...

El joven iba a tirarse sobre él con los puños levantados; pero se interpuso el comisario gritando:

...........................

[34] Pícaro, sinvergüenza.

—¡Al orden!

Antonio estaba aturdido, y aunque no comprendía aún lo que pasaba en ese momento, sí penetró que todo su plan estaba descubierto.

—Señor comisario —dijo al cabo con voz enérgica—, puedo jurar a usted que la señorita N… no está conmigo.

—¡Bah! Lo creo: no está aquí con usted; pero de seguro se halla en algún cuarto de la casa o en un escondite.

—Ni en casa ni en escondite alguno.

—¿Y esos caballos? ¿No son para largarse usted y ella al pueblo N…? ¿No han venido en ellos desde Cashapamba?

—Señor… Al pueblo…

—No venga usted con más excusas.

—Esos caballos…

—Están en vano ahí, y más bien servirán para el viaje a Ambato. He llegado a tiempo para impedir que usted consume su crimen.

—Señor, puedo explicar a usted…

—No necesito explicación: lo sé todo, y la misma turbación de usted confirma cuanto sé.

—Padece usted un engaño. Yo iba a montar…

—¡Yo engañado! ¡Bah! Poco me conoce usted. Ni el diablo con toda su astucia es capaz de engañarme…

—Pues, señor…

—Pues, señor, repito que no perdamos tiempo.

—Cierto, señor comisario, esto es perder mucho tiempo —dijo don Bonifacio—; amarremos a este bribón y procedamos al punto a buscar a Juanita. Yo doy con ella en uno de esos cuartos: ¡segurito!

—Viejo insolente —gritó Antonio.

—¡Pillastre!

—¡Al orden! Soy el comisario y no me dejo faltar al respeto. ¡Eh!, muchachos —añadió dirigiéndose a los gendarmes—, pie a tierra, volando, y vamos tras la presa. Un premio al que la entregue.

Desmontáronse e iban a ejecutar la orden de la autoridad, cuando entre las sombras de una avenida de naranjos se notó que venía gente. Eran unos indios; estos indios traían algo; este algo era una cosa blanca suspendida en sus brazos. Todas las miradas se fijaron en ella y todos los labios dijeron:

—¿Qué es? ¿Qué es eso?

Y el comisario, y don Bonifacio, y Antonio y todos se adelantaron llevados de la curiosidad. Era un bulto; era un ser humano; era un cadáver, cuyo cabello arrastraba y cuyos brazos y pies blanquísimos colgaban hasta el suelo; ¡era el cadáver de Juanita!...

Antonio dio un espantoso alarido, abrió los brazos y se echó sobre él, lo ajustó juntando su rostro pálido y desencajado al rostro helado y húmedo de su amada Juanita.

Don Bonifacio, abiertos desmedidamente ojos y boca y cruzados los brazos, parecía la estatua de la estupefacción.

El comisario no estaba menos aterrado.

Nadie hablaba palabra y todos tenían fijos los asustados ojos en el inanimado y cándido cuerpo de la desventurada joven, mal cubierto con sus vestidos interiores, únicos que, aunque desgarrándolos, habían respetado las ondas.

Un viejo indio, sumamente apenado, habló al fin y dijo haber encontrado esa difunta en la orilla, cuando él y sus compañeros recogían las ramas y troncos que había traído la avenida.

Pasado el primer impulso de la terrible sorpresa, preguntó el comisario: —¿Quién explica este terrible misterio?

—Señor... —contestó temblando don Bonifacio.

—Usted me aseguraba —le interrumpió el empleado—, que Juanita N... había sido anoche robada por Antonio, y ahora asoma ahogada: ¿cómo es eso?

—Señor... señor...

El viejo no podía articular más palabra ni era posible que pudiese explicar el suceso. Después, haciendo averiguaciones y conjeturas y atando cabos, pudo saberse que Juanita cayó al agua al saltar su caballo en la margen del vado; la obscuridad y el estado de la cabeza de don Bonifacio le hicieron que creyese ver a la joven cuando iba el caballo solo tras él; el silencio de su compañera no era para extrañado, pues lo guardó obstinada todo el día. Los tres montados que habían **esguaza-do**[35] el río antes de ellos fueron unos caminantes que luego se detuvieron en el tambo de Cashapamba para descansar y dar un pienso a sus caballos, y tornaron después a caminar, pues deseaban llegar esa misma noche a Pelileo. Iban de prisa, y al paso del caballo de Juanita que no tenía quién le guiase, se juntó con los de los viajeros y se fue con ellos. Antonio, su amigo y el paje se disponían a salir al encuentro de Juanita, quitársela a don Bonifacio y huir con ella, pero tomaban antes una ligera refacción, y en este acto los sorprendió la autoridad.

La continuación y remate de la tristísima historia dejo a la imaginación de ustedes. Solo añadiré que los mismos indios que hallaron el cadáver hicieron unas angarillas y, envuelto en una sábana, lo condujeron a la ciudad.

Al día siguiente se celebraron en la iglesia de La Merced solemnes exequias. Estaba presente el cadáver vestido de blanco y coronado de azucenas, y muchas mujeres lloraban en torno a él. Sepultáronlo en el mismo templo. Dos o tres días después, Antonio penetraba por la noche en él, seguido por el sacristán, que llevaba una luz y le enseñó el punto de la sepultura. El joven se hincó de rodillas, postró la frente en el suelo y oró y lloró largo espacio. En seguida grabó en un ladrillo con la punta de una navaja: «¡Juanita! Juro que te amo aun después de muerta y que nadie poseerá mi corazón en este mundo. ¡Adiós!». Salió del templo, tomó su caballo que había dejado a la puerta y tiró camino a Guayaquil. Nadie volvió a saber del infeliz.

Doña Tecla lloró mucho la muerte de su sobrina; pero crecía su pena el primero de cada mes, porque ya no podía acudir a la Tesorería.

No fue menor la pena de doña Marta y don Bonifacio, que anduvo mucho tiempo cabizbajo y triste, sufriendo las acusaciones que le hacían sus primas y, lo que es peor, las de su propia conciencia.

...........................

[35] Vadeado, cruzado el río.

Doña Tecla murió en extrema pobreza algunos años más tarde, y su hermana no tardó en seguirla a la eternidad, con un cortejo de escrúpulos y **gazmoñerías**[36] que la acompañaron hasta sus últimos instantes.

Don Bonifacio fue al cabo víctima del delirium tremens, pues la pena y los remordimientos parecía que habían duplicado su amor al consabido cuerno.

\* \* \*

Ahora, mi querida Cornelia, elige y ejecuta bien al piano la pieza que juzgues más en armonía con el estado de tu ánimo producido por la suerte de la desventurada Juanita. ¿Será el **Miserere del Trovador?**[37] ¿Será la Oración de la Sonámbula? ¿Será el trozo en que **Lucrecia Borgia**[38] lamenta y se desespera por la muerte de su hijo? No sé lo que elegirás, pero será de lo más triste. En cuanto a mí, siempre estoy más dispuesto a la tristeza que a la alegría, aun sin mis recuerdos como el que acabo de referirte.

—En seguida vendrá una hermana de Paulina, linda como ella, ¿no es verdad?

...........................

[36] Afectación de escrúpulos. Dado que los escrúpulos anteceden a esta palabra, el narrador notablemente quiere recargar, una vez más, la condición ridícula de la mujer que se sobrecogía de falsos escrúpulos y afectaciones.

[37] Se hace referencia aquí a la ópera de Giussepe Verdi, El Trovador, cuyo personaje femenino, Leonora, bebe veneno porque no puede unirse a su amante, pero con la esperanza de encontrarlo cuando la muerte los reúna. Se distingue la concordancia de temas entre la obra de Verdi citada y la historia de Juanita, que acabamos de leer.

[38] Es uno de los personajes femeninos más polémicos de la historia occidental. Hija de quien se convirtió en el papa Alejandro VI, Lucrecia se casó varias veces patrocinada por su padre y su hermano, el célebre César Borgia, para concretar alianzas políticas. Una de estas uniones fue con Alfonso de Aragón, de quien tuvo un hijo llamado Rodrigo. Este hijo de Lucrecia Borgia murió lejos de su madre y la pérdida obligó a Lucrecia a permanecer largo tiempo en un convento. Lucrecia Borgia ha sido acusada de incesto, asesinatos, promiscuidad, y muchos otros cargos que han hecho de ella una leyenda del Renacimiento.

## PORQUE SOY CRISTIANO

A modo de introducción:

Quiero entretener un momento a los lectores de la *Revista Ecuatoriana*, y voy a contarles una anécdota que tiene ribetes de novela.

La historia omite unas cuantas menudencias, bien porque ha habido descuido de recogerlas, bien porque las ha juzgado poco dignas de sus páginas; pero indudablemente merecen ser conservadas siquiera en narraciones como la presente, pues, a mi juicio, algo sirven para dar a conocer el carácter y las condiciones morales de los pueblos de la época en que ocurrieron.

Divaguemos un poco antes de entrar en materia.

La guerra de la independencia sudamericana, en especial en Colombia, fue muy fecunda en sucesos dramáticos, y en ella se desarrollaron grandes virtudes y grandes vicios, sublime heroísmo y abominable crueldad, mucha grandeza de alma y no corto número de pequeñeces y miserias. Por dicha, lo bueno superó a lo malo: si así no hubiese sido, la Independencia habría estado aún por venir. Porque, claro está, con vicios y maldades que ahogan y hacen negatorias los esfuerzos del heroísmo, no triunfa una buena causa.

Con esto quiero también decir (la historia lo ha dicho antes que yo), que las crueldades, los vicios y las miserias —las crueldades, sobre todo— que afearon la guerra magna colombiana fueron menores de parte de los patriotas, que al fin triunfaron, que de la de los realistas que sucumbieron. Estos se extremaron horriblemente en ellas, y contribuyeron así a asegurar el éxito de la guerra a favor de los patriotas o insurgentes, como se los llamaba, los cuales, al verse tratados como forajidos, puestos fuera de la ley, ejercieron juntamente con la virtud del valor la ciega y temeraria pasión de la venganza.

Había entre los que luchaban por la libertad y la independencia jefes magnánimos para quienes esta pasión era desconocida; pero entre los jefes de menor talla que la de Bolívar, Sucre, Urdaneta, Páez y otros, no faltaron bárbaros que gustaban del olor de la sangre vertida por la mano de la saña y el odio. Para estos la generosidad y el perdón eran extraños: los **godos**[39] que habían matado a sus padres, hermanos, hijos, siquiera a los amigos; les habían quitado sus bienes de fortuna, habían desolado sus pueblos, y era preciso matarlos sin misericordia. Esto no era justificable, pero ¿lo eran las atrocidades que provocaban tamaños y sangrientos desquites? Sin los **Monteverdes**[40] y los **Boves**,[41] los **Sámanos**[42] y los **Enriles**,[43]

..............................

[39] El término godo proviene de un antiguo pueblo germánico que se expandió por Europa. Luego, cuando los españoles llegaron a América, el término godo se aplicó a aquellos que venían de familias ibéricas a invadir el territorio. Al haberle otorgado un matiz de aristocracia europea, el término godo pasó luego a designar a los conservadores durante las luchas independentistas.

[40] Domingo Monteverde. Militar y político español que peleó en la facción realista contra las tropas bolivarianas. A decir verdad, Monteverde triunfó sobre Bolívar, cuando aún era coronel, al hacer que Puerto Cabello cayera con la rendición del general Miranda. Sin embargo, su brillante carrera militar tendría aún que enfrentar las brillantes campañas que Bolívar realizaría más adelante, victoriosamente.

[41] José Tomás Rodríguez Boves. Militar español que, en un principio, comulgaba con las ideas revolucionarias de Bolívar. Por asuntos personales, se pasó al bando realista bajo las órdenes de Monteverde, haciendo una carrera militar llena de crueldades contra sus adversarios, crueldades que incluían ejecuciones sumarias.

[42] Juan de Sámano. Político español, nombrado Virrey de Nueva Granada en 1817. Así como su antecesor, Sámano demostró una posición férrea y cruel contra los independentistas. Luego de la victoria de Bolívar en Boyacá, huyó hacia Cartagena.

[43] Pascual Enrile. Jefe del Estado Mayor de las tropas realistas en Colombia, segundo de Pablo Morillo. Se caracterizó por ejecutar a cuantos independentistas se cruzaban en su camino.

los **Payoles**[44] y otros tigres sostenedores del realismo en Colombia, no habríamos tenido entre los patriotas esotras fieras llamadas **Camacaros**[45], **Otamendis**[46], Mesas, Osas, etc.

La guerra sin cuartel había deshumanizado, dirémoslo así, los corazones de la mayor parte de realistas e insurgentes. Y si no siempre la crueldad y la fiereza, eran comunes la dureza y el despotismo, el ningún miramiento y lo descomedido del trato hasta con los propios compatriotas y amigos. El general don Bartolomé Salom, por ejemplo, era jefe lleno de méritos, pero los deslucía con la bronquedad de su trato. He tenido en mi poder un oficio escrito de su letra (por cierto letra de muy hermosa forma), que dirigió desde Latacunga al Corregidor de Ambato, en ocasión de hallarse aquel, de tránsito con un cuerpo de tropas. Ordenábale al empleado ambateño que para el día siguiente tuviera preparada la vitualla, y pedía cien cargas de leña, terminando el oficio con estas palabras: «Advierto a usted que si no está lista la leña, la mandaré a hacer de la casa de usted y de las de los alcaldes».

Hay otra anécdota del mismo jefe aún más curiosa, y que no puedo resistir a la tentación de contarla aquí. Cuando Salom tocó en Ambato, hallábanse en el lugar tres oficiales, todos ambateños, y creyeron era deber suyo presentársele al punto, por si quisiera llamarlos al servicio. Vistiéronse de gala y aun se rociaron con esencia olorosa. Salom, vestido de amplios pantalones de bayeta, levitón del mismo género que le bajaba hasta los pies, y gorra de paño con tamaña visera de cuero, se adelantó a recibirlos; mas detúvose, los vio de arriba para abajo con ojos nada mansos, y con voz que armonizaba

...........................

[44] Coronel Payol. Español que comandaba el regimiento de Riobamba, se distinguió por su ferocidad y por sus medidas crueles y arbitrarias para conseguir caballos, insumos y hombres para su tropa. Durante su estadía en Riobamba, muchos crímenes se cometieron con la excusa de mantener el regimiento.

[45] José María Camacaro. Comandante del regimiento Cedeño, que tuvo vital importancia en la decisiva Batalla de Tarqui.

[46] Gral. Juan Otamendi. General partidario de Juan José Flores, que se destacó por su ferocidad en los ataques de La Elvira y Miñarica, fusilando a los enemigos sobrevivientes.

con la mirada les dijo:

—¿Soldados? ¿Ustedes soldados, eh? —y tras una interjección que no repito, pero que se adivina, añadió: —El soldado hiede a pólvora y a demonio, y ustedes me vienen oliendo a mujercillas —y les volvió las espaldas dejándolos plantados con las caras hechas ascuas.

Sabido, pues, lo que eran esos hombres que gustaban heder a pólvora y a demonio, y que no hacían caso ninguno de nadie ni de sí mismos, y daban y recibían balazos y tajos con la mayor frescura del mundo, no parecerá inverosímil el caso que voy a referir. Pero ¡qué! Si eso no fue nada: había jefes y oficiales que por un **quítame allá estas pajas**[47] mandaban al prójimo al otro mundo.

# I
## EN HUACHI

Corría el año 1829. Los ejércitos de Colombia y del Perú, que pocos años antes se habían juntado para lidiar por la Independencia, enemigos ahora, se preparaban a despedazarse. El valeroso pero ingrato **Lamar**[48] se olvidó que era colombiano e invadió el territorio de la Gran República que había empeñado sus armas, influjo y nombre para ayudar al Perú a conquistar su libertad. Sucre, el héroe de Pichincha y Ayacucho, trabajó en vano por evitar la guerra: su voz amistosa fue desoída por Lamar que, confiado en sus ocho mil soldados, creía muy fácil vencer a los cuatro mil bravos que Colombia le oponía.

Era necesario engrosar la retaguardia de este ejército, y el reclutamiento y la leva forzada se hacían con actividad en el

..............................

[47] Cosa sin importancia, sin motivo o razón.
[48] José de La Mar. Nació en Cuenca en 1776. Luchó, en un principio, en las tropas realistas, para luego unirse a José de San Martín en la liberación del Perú. Asumió la jefatura del Perú en 1827 e intentó invadir territorios de la Gran Colombia, hoy territorios ecuatorianos, siendo repelido por el mariscal Sucre.

centro y sur del Ecuador.

En Ambato, entonces cabecera del cantón de su propio nombre, y en los pueblos circunvecinos se había tomado mucha gente que, bien asegurada, era conducida a los cuerpos veteranos que ocupaban algunas ciudades del sur.

Un día se hallaban encerrados en el convento de San Francisco, que servía de cuartel, más de doscientos reclutas, casi todos campesinos. Custodiábalos un piquete veterano y los aleccionaba en los primeros movimientos marciales. La vara del cabo, los sopapos de los demás soldados y los cintarazos del oficial menudeaban como incentivos eficaces para el aprovechamiento de las lecciones.

Para que esa gente partiera a Riobamba, se esperaba solo que viniera el capitán... ¡Vamos! Yo sé cómo se llamaba ese oficial, pero no lo he de decir, así porque no conviene, como porque el apodo con que se le conocía me parece mejor que el nombre propio, el Capitán Feroz.

El cuadro que presentaba la estrecha plazoleta de San Francisco era triste y desgarrador: madres, hermanas, esposas, viejos y muchachos, formaban delante del cuartel un semicírculo. Toda esta muchedumbre procuraba enviar sus miradas al fondo del edificio donde se veía una doble litera de reclutas inmóviles y cabizbajos. Afuera había un murmullo de palabras y gemidos, adentro el triste silencio de los forzados aprendices de militares, y la risa, y los gritos y las blasfemias de los maestros, esto es, de la gente curtida en las campañas y acostumbrada a la mala vida y a los combates.

De cuando en cuando asomaba fuera del cuarto un veterano armado de larga vara, echaba un torrente de palabrotas, batía su arma por las piernas de los concurrentes, y el semicírculo se ensanchaba a manera de las olas que se forman en el lago en torno de la piedra que ha herido su superficie.

Había mujeres que lloraban a grito herido y viejos por cuyas mejillas arrugadas descendían las lágrimas pero de cuyos labios no se escapaba queja ninguna. La guerra les arrebataba los seres más queridos, quizás para entregarlos en brazos de la muerte. La guerra, por justa que sea, por mucha gloria que dé,

91

no deja de ser cosa bárbara y terrible.

Era una mañana; se había consentido que los reclutas tuviesen una hora de descanso y una de las mujeres pudo colocarse en lugar desde donde podía verse bastante bien el fondo del cuartel.

Era joven de dieciséis, esbelta, de fisonomía muy agraciada, y tenía los ojos colorados de tanto llorar.

En el zaguán y arrimado al muro se hallaba un recluta de cuerpo alto, pero enjuto, rostro varonil, aunque apenas barbado a causa de la edad que no llegaba a los veintiún años, y que por su extrema palidez mostraba claramente hallarse enfermo.

La joven, al verlo, dio un grito de dolor; pero cobró ánimo, enjugó las lágrimas, e hizo con la diestra aquel movimiento circular que significa: «¿Cómo estás?»

—Sigo mal —contestó el mozo con voz lánguida y trémula.

Ella se cubrió el rostro con las manos y sollozó un momento. Mas era preciso ver a su querido recluta y hablar con él; se dominó de nuevo y apartó las manos de la cara, a tiempo que el joven la decía:

—¿Hay esperanza?

La muchacha movió la mano horizontalmente.

Él comprendió la seña negativa e inclinó tristemente la cabeza.

Habría continuado un poco más, sin embargo, el diálogo entre mímico y hablado; pero un viejo veterano se acercó al joven y tirándole violentamente de un brazo le puso en lugar donde no fuese visto por la muchacha.

¿Quién era el joven recluta? ¿Quién era la joven que lloraba y se interesaba por él?

Ambos eran aldeanos de las cercanías de Ambato; él se llamaba José N… y ella Margarita N…

Se habían amado desde niños, y apenas entrados en la primera juventud, se casaron.

Los matrimonios de jóvenes de pocos años son muy comunes en las aldeas serraniegas del Ecuador; a veces hay matrimonios de niños.

José y Margarita llevaban apenas un mes de casados, mes de amor y delicias que fue rematado ¡ay! por terrible desgracia: una noche rodeó su casa una partida de gente armada; y sin embargo de hallarse algo enfermo, por cuya razón no pudo buscar un escondite para librarse de caer en la leva, José fue sacado violentamente del lecho y llevado al cuartel. Nada valieron el llanto y los ruegos de la esposa y la madre del infeliz joven, ni la demostración de que estaba enfermo, ni las monedas que llenaron las manos del sargento que mandaba la partida, ni las promesas de que luego sería mejor pagado...

Pero antes que sigamos viendo a José metido entre soldados y a Margarita llorando a la puerta del cuartel, pintémosles algo más en su hogar.

Margarita era completamente huérfana y a José le quedaba solo su madre, viuda hacía largo tiempo. Era el último y el único que le quedaba de ocho hijos que tuvo la pobre aldeana. Esta pasaba apenas de sesenta y cinco años; pero las contrariedades, trabajos y dolores de los que fue constantemente víctima, la pusieron tal que tenía aspecto de octogenaria.

José no solo era mozo de hermosa figura, sino que tenía prendas morales que le hacían muy estimable: era laborioso, honrado, de genio bueno y enérgico a un tiempo, y, sobre todo, era religioso con aquella fe sencilla y firme, tan común todavía en nuestro pueblo; y como cordialmente religioso, capaz de acciones nobles y hasta heroicas.

Margarita, en belleza superior a su esposo, como que siempre la belleza femenina es mayor que la del hombre, le igualaba en las virtudes; aunque como penetraba menos en el espíritu del cristianismo, algunas acciones de José la parecían fuera de razón: así, por ejemplo, no le gustaba que no se quejase ni echase pestes contra los que le habían tomado y metido en el cuartel.

La madre de José era una viejecita simpática, muy buena, demasiado sensible y que tenía lágrimas abundantes para sus propias penas y las de otros. ¡Imagínese cuántas derramaría al ver a su hijo preso y en vísperas de ser llevado a la guerra! La desdichada no pudo acompañar a su nuera en las visitas a la puerta del cuartel, porque padecía de flojedad de las piernas y no caminaba doscientas varas sin gran trabajo ni quedar luego casi postrada. A lo más, como habitaba cerca del camino real, las mañanas que siguieron el reclutamiento, salía casi arrastrada y llevando por compañero un perrillo, a pasar largas horas a la sombra de un matorral, junto a esa vía. Allí acurrucada, lloraba, rezaba o permanecía largo espacio en silencio, fija la vista en el lado occidental del camino, aguardando ver la nube de polvo que la anunciase la venida de la tropa entre la cual pudiese ver siquiera un momento al hijo de sus entrañas para darle el último adiós y la última bendición.

\* \* \*

Pero volvamos al cuartel.

—¡La tropa! ¡Ya llega la tropa! —gritaron muchas voces a un tiempo, y todas las caras se volvieron al ángulo de la plazoleta, donde desemboca la calle que antes se llamaba real en mi pueblo. Por allí asomaba un piquete de veinticinco veteranos a pie con el Capitán Feroz a caballo.

—¡Los de guardia, gente armada! —gritó el centinela.

Todo el cuartel se puso en movimiento, y la prevención tomó las armas y se alistó con la presteza que se empleaba en todo en aquel tiempo de rigurosa disciplina.

El grupo de gente de puertas afuera del conventillo se abrió en dos dejando ancho callejón para que pasaran los recién venidos. Nadie chistaba en esos momentos.

Después de las ceremonias prescritas por la Ordenanza, Capitán y soldados entraron al cuartel.

Todos venían cubiertos de polvo, y el Capitán Feroz había echado con él una cara… ¡Santo Dios, qué cara del Capitán! Si antes los chapetones que la veían en el campo de batalla creían tal vez que era la de un escapado del infierno, por altos juicios de Dios, y no corrían solo porque esa gente no huía ni de un condenado, ahora no sé si hubiera dejado de retroceder siquiera cuatro pasos. Dejemos la cara sin más descripción y pasemos al cuerpo. Era de mediana talla, fornido de miembros, metido en carnes y derecho como un bastón. Tenía fuerza de cuatro caballos y manejaba la lanza y el sable con una destreza que ni el **Negro Primero**[49]. Tenemos que volver a la cara porque es indispensable. El color de aceituna, la nariz chata, los labios abultados y el pelo de pasa indicaban que el Capitán tenía en la sangre parte de África y parte de América. Lo que contribuía más a darle aspecto feroz y terrible eran los ojos sanguinolentos y que se movían siempre como huyendo de la mirada de los demás, y una sonrisa indefinible que… no sé cómo explicarme; pero si el diablo se sonríe, lo ha de hacer ni más ni menos que el Capitán Feroz.

—¡Hola, camarada! —dijo a un teniente, cuadrándose, poniéndose en jarras y en tono imperativo—, ¿cuántos pájaros tenemos listos?

—Doscientos, mi capitán, contestó el teniente en voz y con ademán no menos arrogantes.

—Bueno. Que se formen para verlos.

A poco el Capitán recorría una larga hilera de cholos con chaquetones y campesinos en mangas de camisa, atados los pantalones con fajas coloradas y cubiertas las cabezas con tamaños sombreros metidos hasta el arranque de las narices.

—¡Bah! ¡Qué **chirotes**[50] de mala traza! —exclamó el Capitán. Y luego a este le botaba el sombrero dándole un golpe bajo la falda, al otro le cascaba un **papirote**[51], a quién le tiraba las barbas, a cual le asentaba un puntillazo, y añadía: —¡Cáscaras que uno tenga que formar soldados de estos animales!

—No se queje mucho, mi Capitán: la caza no ha sido

...........................

[49] Se hace referencia a Pedro Camejo, esclavo venezolano muy diestro en el manejo de la lanza. En un principio peleó para las tropas realistas, pero después de que Bolívar charlara con él y lo convenciera, este se unió a los independentistas. Su bravura y destreza lo hicieron Teniente de caballería. Murió en la Batalla de Carabobo.

[50] El chirote es un ave andina de pecho rojo. Al hablar así, el Capitán Feroz se refiere despectivamente a los reclutas, retratándolos como tan débiles como un chirote. También se hace referencia al desorden o mala presentación del chirote cuando se moja, puesto que en nuestro país existe el dicho «como chirote mojado».

[51] Golpe en la cabeza, garganta o frente

mala; mire que hay guapos mozos que se chuparán sus pepazos sin decir ji ni já.

—¡Hum! Ya los verás correr como unos gamos. Pero oyes, tuno, aquel porro del Corregidor, ¿habrá hecho preparar las tiras de vaqueta necesarias para asegurar estos brutos?

—Están listas.

—Bueno.

—Y listo también todo, todo. Podemos marchar hoy mismo.

—Bueno.

Y alzando la cara y viendo al Oriente, añadió:

—Algo subido está el sol; son poco más o menos las siete. Comencemos la amarrada y a las once, vamos arriando estos brutos.

—Pero, mi Capitán, una vez amarrados estos pobretes van a tener dificultad de llevar a cabo el bocado a las muelas.

—¿Quieres decir que deben desayunarse?

—Precisamente.

—Bueno: que masquen algo estos borricos. Pero que se despachen en media hora.

—¡Una y dieciocho! —gritó el Teniente.

Y se deshizo la formación.

Otra orden del teniente y se consintió que las mujeres agrupadas afuera entrasen, cuál con un lío en que iba un par de panes, cuál con una bolsa que contenía un poco de harina de cebada, cuál con una olluela llena de caldo, y todas con abundante provisión de lágrimas.

Aquí está la mujer con el marido, allá la hija con el padre; ese grupo es de un hermano con su hermana; esotro… mire usted, son dos mozos cuyas madres o esposas no han acertado a venir a tiempo, pero que comen algo dado por la compasión de un vecino: la gente de nuestro pueblo es limosnera, y no ve el hambre de un desdichado sin partir con él su mendrugo. En todas partes se habla a media voz, corre el llanto, y aun de pechos varoniles se escapa algún gemido que no pueden reprimir.

Nuestros mozos son así: hasta lloran cuando se despiden de las personas a quienes aman, para emprender el camino de la guerra; pero una vez en el ejército y con el patriotismo y el honor que los espolean, ¡qué cholos y qué chagras para dar y recibir balazos sin arredrase con nada! Subordinado, infatigable, paciente, valeroso, el soldado ecuatoriano es de los mejores de Sudamérica.

Ahí está un recluta sentado al borde del corredor y arrimado de espaldas a un pilar. Tiene a su lado a una muchacha muy guapa que le sirve caldo en un plato de barro.

Él está pálido como un difunto y ella llorosa como una Magdalena.

Son José y Margarita.

—Toma siquiera un par de bocados —dícele esta.

—No puedo, no tengo ganas de ningún alimento.

—Pero ¡cómo vas a caminar así en ayunas!

—No puedo te digo: estoy empeorado de mi mal.

—¡Ay! ¡Y te llevan en tal estado!

—¿Qué has dicho para libertarme?

—Cuanto he podido.

—¡Y no has conseguido nada!

—Nada, como lo ves.

Y la pobrecita soltaba hilos de llanto y gemía que daba lástima. Ahogándose entre sollozos añadía:

—En regalar a los jefes y a los sargentos he gastado el poco dinero que teníamos. Vendí la vaca y la yunta, y después los cuatro borricos, en seguida mis zarcillos y por último hasta mi ropa. Todo se lo han llevado halagándome con esperanzas. Solo mi honor no he vendido…

—¡Ah! ¿también estuvo en peligro tu honor?

—En peligro.

—Prefiero morirme antes que verte sin honor y sin virtud, amor mío.

—Sin honor, habrías dejado de quererme, me aborrecerías.

—Si ofendieses a Dios, Dios me quitaría más pronto la vida para castigarte.

Guardaron ambos silencio unos instantes. Iba Margarita a insistir en que José tomara el caldo, pero el Capitán y el teniente, que daban vueltas entre los grupos de reclutas, se detuvieron delante de ellos.

—Este canalla parece desenterrado —dijo el Capitán.

—Está enfermo desde el día que vino —contestó el teniente—, y creo que no podrá marchar.

—Sí, señor jefe, no podrá marchar mi marido— se apresuró a decir Margarita poniéndose en pie—, pues está malo.

La infeliz vislumbró alguna esperanza.

Mas el Capitán, cual si no oyese esas palabras:

—¡Qué! —exclamó—, y siendo inútil este pajarraco ¿no le has hecho pegar cuatro balazos? ¡Qué **mandria**,[52] teniente!

—Pues yo... Mire usted, mi Capitán... ¡Ese pobre diablo!... Y luego yo ¿qué facultad tenía?

—¡Qué facultad!

—Soy subalterno.

—Yo también tengo otros sobre mí, y con todo, para despachar animales como este no he necesitado más facultad que mi querer.

—¿Y pues?

—¿Y pues? Que lo fusilen.

—Obedezco.

Margarita arrojó un ¡ay! y cayó. José, con los ojos espantados y más pálido aún, se puso en pie como impulsado de un resorte, exclamando:

—¡Puedo marchar, señor Capitán! No tengo nada.

—¡Ja, ja! Canalla, ¿con que ya puedes marchar?

Y el Capitán Feroz acompañó a risa y palabras una recia bofetada que echó a José a tierra, cambiando en rojo la amarillez del carrillo.

—Ya ves, teniente —añadió el Capitán—, que este pájaro no está enfermo y que podrá marchar; si lo estuviese, no creas que la amenaza de templarle fuera broma.

—¡Ay! ¡José, José! —dijo Margarita volviendo en sí y luego que los dos oficiales se habían alejado—; qué mal cristiano de jefe. ¡Querer matarte!

..............................

[52] Holgazán.

98

—Ya no me matará, pues he dicho que marcharé.

—Pero morirás en el camino.

—Dios me protegerá.

—¡Que Dios castigue a ese monstruo!

—No digas eso, Margarita.

—¡Que se muera ese malvado!

—Calla, hija. No es bueno desear mal a nadie.

—¡Pero no ves que es un diablo y que te quiere matar?

—No será sino lo que Dios quiera.

—Y Dios ha de querer que ese…

—¡Calla! Es preciso perdonarle.

—Yo no le perdono.

—¡No digas eso! Es preciso rogar a Dios por él.

—Yo no ruego por…

—¡Margarita! ¡Margarita! Somos cristianos.

—Yo rogaré por ti.

—Yo por ti, y por él y por mí mismo.

—¿Porque te quiso fusilar y porque te dio un bofetón?

—Por eso.

—Yo no sé qué alma tienes.

—Alma de cristiano.

—Yo también tengo alma de cristiana; pero… pero…

Pero alma de mujer concluiré yo, terminando la frase que se le atragantó a Margarita: alma buena, delicada, pura; mas que, como sucede con frecuencia, se exacerbó por un momento, pues si pura, delicada y buena, era también amante y apasionada, y en su amor se la había ofendido y amenazado de muerte.

Se había terminado la media hora concedida para el desayuno, y los soldados sacaban a empellones del cuartel afuera a las mujeres. Ahí era de verse la resistencia de las infelices, y el rogar y llorar, y el abrazarse a los reclutas, y el romperse las ollas y platos que rodaban por el suelo, y el oír las torpezas que salían de boca de la soldadesca y las carcajadas con que insultaban el infortunio y dolor ajenos.

Margarita se apresuró a salir, evitando la violencia que sufrían sus compañeras; pero cuatro veces volvió el rostro lloroso y angustiado en busca de su amado José. Este, inmóvil como una estatua y cruzados los brazos, no separó la vista de su mujer hasta que desapareció fuera de la puerta.

* * *

Más de cuatro horas se habían empleado de amarrar la muñeca derecha de un recluta con la izquierda de otro, con las fajas de vaqueta remojada. Los cien pares de víctimas destinadas a saciar el hambre de cañones y lanzas estaban a punto de romper la marcha. En Riobamba serían desatadas y mezcladas al cuerpo veterano que las esperaba. Esos reclutas, tan por fuerza metidos en una carrera que detestaban, una vez soldados, serán terribles en los combates y morirán con valor. ¡Cuánto heroísmo desadvertido hay en los campos del honor de parte del humilde soldado raso!

A José le tocó de compañero un cholo alto, rollizo y bien formado, que hacía contrastes con él, flaco, débil y amarillo.

Sonó el tercer toque de marcha y desfiló la tropa. A la voz de la corneta se siguió la del lamento de la multitud de mujeres que se despedían de sus queridos reclutas; estos, con la mano que les quedaba libre les decían en señas su último adiós. Las desdichadas que pretendían acercárseles eran rechazadas a culatazos por los soldados y a cintarazos por los oficiales. Los futuros veteranos iban custodiados al centro de los que ya no lo eran, y que, como menos en número que los presos, formaban a derecha e izquierda hileras bien ralas. Los oficiales, a caballo, recorrían estas, distinguiéndose el Capitán Feroz por sus incesantes idas y venidas y sus amenazas y bascosidades dirigidas ora a los veteranos, ora a los reclutas, y, sobre todo, a las mujeres y a los muchachos que los seguían en tropel.

Eran las doce del día. Las llanuras de Huachi por donde cruzaba el camino que va de Ambato a las poblaciones del Sur eran en aquel tiempo más desapacibles que hoy en día: arenosas, áridas, monótonas, no tenían más adorno que las **ringleras**[53]

..............................

[53] Fila o línea de varias cosas puestas en orden.

de cabuyas que señalaban las pobres heredades de los indios y chagras, cuyas chozas apenas sobresalían de esas espinosas matas como pedazos cónicos de roca arrojados en el desierto. Aquí y allá se veían tal cual árbol de capulí criado trabajosamente. Las pocas siembras que se hacían de **altramuz**,[54] arvejas y trigo, nacían mal y rendían muy escaso fruto. La industria principal de los indios consistía en extraer la fibra de la cabuya blanca y tejer con ella la burda de los costales, o en recoger un poco de cochinilla que la vendían muy barata. El mejor de los productos de esas desapacibles tierras era la frutilla, fragante, dulce y deliciosa, hija de la seca arena y del sol abrasador y enemiga del riego que la hace degenerar y pone insípida. Ahora, a beneficio de la industria de mis paisanos que han puesto agua, esto es que han derramado vida en esos arenales, se van transformando en tierras fecundas, y ya puede recrearse la vista en numerosas arboledas, lozanas sementeras, alfalfares y prados. ¡Bendito sea el trabajo del hombre! Todavía hay grandes trozos de esa llanura, sedientos y de aspecto ingrato, de los cuales levanta el viento las nubes de polvo que van a caer sobre Ambato; pero la naturaleza cederá a la industria humana y Huachi, andando los tiempos, será un vergel a las puertas de mi tierra natal. ¡Plegue al Cielo que la civilización sea para el corazón y el alma de mis paisanos lo que es el benéfico riego a los arenales de Huachi!

Pero vamos a nuestro asunto.

El sol de medio día lanzaba sin obstáculo de nube alguna sus rayos perpendiculares sobre montes y valles. El Chimborazo a la diestra del viajero que tiraba para el Sur, el Tungurahua y el Altar al frente, a la siniestra el Cotopaxi y a la espalda el Casahuala, infinitamente menos rico de nieve que los otros cerros, parecían genios benéficos destinados a moderar el calor que el sol derramaba sobre la tierra; pero el dios de los Incas, más poderoso que ellos, encendía las arenas de Huachi, cuya reverberación mantenía en el aire en estremecimiento incesante. Acudió el viento a mitigar los efectos del fuego so-

.............................

[54] Planta Papilonácea, cuyo fruto o grano es para el consumo del ganado y del hombre, luego de que ha sido lavado el grano para sacarle el amargor.

lar; mas si sus esfuerzos consiguieron muy poco, pues su soplo venía impregnado de calor, por otra parte sus ímpetus trajeron otro tormento al viajero: levantaban la seca arena en ondas que todo lo envolvían. La atmósfera tomó color de tierra, desapareciendo la llanura, perdiéronse las montañas y apenas podía distinguirse el sol como un globo parduzco suspendido en el abismo, y que infundía miedo.

Figúrense cómo irían en este día y por el camino de Huachi los veteranos y reclutas que salieron de Ambato. El sol los asaba y las marejadas de polvo que los acometían de frente los hacían ciegos; la sed los devoraba y los pies se les soasaban cual si estuviesen pisando un rescoldo. Cabizbajos, silenciosos, tristes, avanzaban lentamente. La arena parecía huir bajo sus plantas, que se hundían en ella. Solamente los oficiales, como estaban a caballo, iban y venían de cuando a lo largo del batallón, espoleando a los fatigados brutos, animando a los soldados y echando insultos a los reclutas que se detenían algún tanto. Las mujeres habían dejado de llorar, e iban cada cual a cierta distancia del marido, el hermano o el hijo, cruzándose tristes miradas, siempre las que nubes de arena lo permitían.

José y su compañero iban al remate de la hilera. José no era sino un cadáver que daba pasos, y tan tardos eran estos, que obligaban al otro a detenerse. Ya habían sufrido ambos, a esta causa, los baquetazos del soldado que los custodiaba y los cintarazos del oficial. Margarita iba a corta distancia. Ya puede cualquiera juzgar cómo iría esa infeliz mujer…

—La sed me mata —dijo el pobre enfermo—. ¡Un poco de agua!

Margarita la llevaba en una botella; quiso acercarse a José; pero la vio el Capitán Feroz y la hizo retroceder con un grito y una amenaza: levantó sobre ella el sable.

—¡Ay, Dios mío! Ya no puedo… —balbuceó José.

Le temblaban las piernas, los pasos eran más lentos, su compañero le llevaba casi arrastrando, de miedo de los cintarazos del Capitán, y sin embargo, se separaron un corto espacio del resto de la columna.

—¡Ea camaradas, avancen! —gritábales el soldado.

—No podemos.

—Miren que si vuelve por acá mi Capitán, se los come.

José cayó al fin, quedando colgado del brazo de su compañero que tuvo que detenerse.

—¡Avancen!

—¡Imposible! ¿No ve usted que a mi compañero le ha dado un accidente?

—¡Cáscaras! Ahora hace aquí mi Capitán una del diablo.

Acudió Margarita a levantar a su marido; la rodearon otras mujeres; mas se acercó apresuradamente el Capitán, cuyo caballo levantaba con cada casco una ola de arena, y retrocedieron todas espantadas, menos Margarita.

—¿Qué hay, canallas? ¿Qué hay?

—Nada, mi Capitán, sino que un recluta ha caído con accidente. ¡Eh! Mire usted cómo está el pobre.

—¡Ah! Ese bruto que se fingía enfermo.

—Ya ve usted, mi Capitán, que parece difunto.

—Y el canalla está amarillo; ¡ja, ja! Y nos estorba y perdemos tiempo. Zafemos de él.

—¿Lo desato? —preguntó apresuradamente el soldado, previendo lo que iba a suceder y deseoso sin duda de salvar al recluta.

—¡Aguarda! —replicó el Capitán—; yo lo desato.

Levantó el sable a la altura de su cabeza, le hizo girar tres veces y lo bajó en seguida con la rapidez del rayo.

El cuerpo del recluta se tendió en la arena, y su mano quedó colgada de la muñeca de su compañero.

Un grito de horror de todas las mujeres…

Margarita cae como difunta junto a su marido.

Oyóse al mismo tiempo otro alarido y el ruido de algo que cae también. La escena pasa casualmente en los momentos en que la madre de José salía debajo de un matorral y se arrastraba para acercársele y darle su bendición y último adiós. ¡La viejecita no pudo resistir espectáculo tan atroz!

El soldado, conmovido, deja escapar dos lágrimas que bajan rompiendo canales en la capa de polvo que cubre sus mejillas. ¡Ah! No se presuma que en el ejército eran todos

103

Feroces…

—¡Adelante! —gritó el capitán.

El compañero de José, que estiraba el brazo y veía con sesga y estupefacta mirada la mano yerta que aún permanecía amarrada a la suya, la sacudió al fin para que cayese. Desembarazado de ese fragmento de cadáver, aligeró el paso y se incorporó a los demás, no sin que le alcanzara un par de cintarazos que le arrimó el Capitán, casados con un par de interjecciones de las de su uso cuotidiano y de cada momento.

—Mira, canalla —añadió entre ajo y ajo—, si al tuno de tu compañero le volé la mano, a ti, si no andas pronto, te rebano la cabeza como a un pollito.

\* \* \*

Margarita volvió en sí; mas por poco no se le trabuca el juicio con la fuerza del dolor, al ver a su amado José sin sentido y sin mano. Lloró, se desesperó, y entre las frases de terneza y pesar que dirigía ora a su esposo, ora a su suegra a quien tanto quería, se le escapaban otras terribles contra el bárbaro Capitán autor de tanta desgracia.

El suceso atrajo a muchas mujeres y algunos viejos, y todos lloraban, sin acertar a dar consuelo a la malaventurada joven.

Entre tanto la tropa desaparecía a lo lejos en medio de las nubes de polvo y la reverberación de sol, cual si fuese grupo de fantasmas que se iba hundiendo en la boca del abismo que lo recibía entre el vómito de humo y vapor de sus entrañas.

Hecho del modo que fue posible un vendaje en el brazo mutilado de José y recogida su mano, se improvisaron unas **parihuelas**,[55] y los dos cuerpos exánimes fueron conducidos a la choza del recluta, que no estaba lejos.

Al otro día se cantaba en la iglesia parroquial de Ambato misa de cuerpo presente, y se removían los huesos del

...........................

[55] Camilla improvisada con dos varas a los lados y un trozo de tela u otro material que resista la carga.

cementerio, preparado el lecho en que un nuevo huésped iba a dormir su sueño eterno.

## II
## EN MIÑARICA

El gran pensamiento de la Independencia estaba del todo realizado, y el gran temor de que tras ella se abriría la era de las discordias civiles se iba también cumpliendo.

Pasó el heroísmo puesto al servicio de la patria, y vino el heroísmo que se malogra en las luchas fratricidas. Las arterias que antes se rompían para regar con sangre y fecundar el árbol de la libertad, se despedazaban ya para dar vida al chaparro de la innoble ambición.

Muerto Bolívar, más que por enfermedad a los golpes de las ingratitudes y desengaños, asesinado Sucre, despedazada Colombia, a la atmósfera de gloria que envolvía nuestros pueblos sucedió el pesado y fétido ambiente de la infamia, e infinitos laureles conquistados en la guerra magna fueron entrelazados con los ramos de ruda cortados en combates promovidos por los intereses personales o de bandería.

En el Ecuador comenzó muy temprano la guerra civil, o más bien la serie de guerras fratricidas que tanta sangre y tantos caudales nos cuestan, que han sido horrible obstáculo, a nuestro progreso y que ¡ay! es preciso confesarlo, ¡nos han deshonrado! ¡Plegue al Cielo que asimismo temprano se cierre, y para siempre, la era de tantas desgracias y miserias!

No es mi ánimo entrar en disquisiciones sobre las causas de la revolución que a raíz de la caída de Colombia y del comienzo de la vida autonómica del Ecuador vino a conmoverle; ni es para el caso esta obrilla, forjada sin más propósito que el de dar un momento de distracción honesta a mis lectores.

La política incipiente e insegura, como por fuerza tenía que serlo en una república-niña y con hombres nuevos y sin experiencia práctica, empezó a dar sus frutos muy poco tiempo después de que el general don Juan José Flores inauguró su primer gobierno. Este benemérito general, que obligado por las circunstancias tomó de Colombia, árbol derribado y roto ya, la rama tendida al Sur para hacer de ella una entidad política independiente, si bien no acabó de desgajarla del tronco principal sino en 1835; este general, muy querido de los ecuatorianos por su buena fama y por ser considerado como creador y valedor de la república, vio surgir por todas partes la revolución que trataba de envolverle y derribarle.

Sin saberse hoy por qué, los revolucionaros tomaron o se les dio el nombre de **Chiguaguas**.[56] La oposición que comenzó a fines de 1831 como el rizado del mar, que al año siguiente se levantó en olas amenazantes y que al fin estalló como furiosa tempestad, vino en 1835 a estrellarse, romperse y disiparse en Miñarica.

> *¿Veis allá lejos ominosa nube*
> *ondeando en polvo de revuelta arena,*
> *que densa se derrama y lenta sabe?*
> *Allí sus haces crédulas ordena:*
> *Las convoca, las cuenta, las inflama…*
> *Las inflama… después las desenfrena.*

¿Haré la descripción de la batalla, tomando para patrón del cuadro esos **versos del gran Olmedo**?[57] No he de hacerla, porque no ha menester de ella la historieta que voy relatando, aunque no vendría mal como episodio. Conténtese, pues, el lector con recordar la historia: esta dice que después de idas y venidas, rodeos y paradas, el ejército mandado por el general Flores, llamado Ejército Convencional, y el que con el nombre de Restaurador obedecía al general don Isidoro Barriga, se

......................................

[56] Vicente Rocafuerte, principal opositor político de Flores, había estado en México durante la Revolución Agraria de Chihuahua. Al ser destituido de su cargo de diputado y desterrado a Lima, Rocafuerte fundó el periódico El *Chihuahua*, nombre que luego tomarían los reaccionarios que se unieron a sus ideales contra el general Flores.
[57] José Joaquín de Olmedo escribió en aquel entonces la Oda al General Flores, vencedor de Miñarica.

encontraron y chocaron en Miñarica el 18 de enero de 1835 por la tarde; que el general Flores, más militar que su enemigo, a fuerza de diestras evoluciones, le atrajo al punto en que le convenía lidiar para suplir con las buenas posiciones la fuerza numérica de sus tropas, mitad menos que las contrarias; que el choque fue tremendo y en una hora escasa el Ejército Restaurador fue completamente deshecho y que, en fin, la derrota fue más sangrienta y cruel que la batalla.

Desde que se acercaron a Ambato las tropas beligerantes, y era verosímil que se librase batalla en sus vecindades, el cantón y las parroquias y los caseríos de los campos estaban en la agitación que en tales circunstancias viene con el temor de los desórdenes y hasta crímenes que siguen, y a veces aun preceden a los combates y batallas. Todo el mundo se empeñaba en poner a recaudo personas y bienes. Las familias huían, cuanto había en las casas era llevado a los escondites y se aseguraban hasta trastos que no podían tentar mucho la rapacidad de la soldadesca. Todavía se ve, cuando hay amenaza de combate en un pueblo, salir de él e irse lejos, en traje peregrino, encaramadas en un solo mal bagaje tres o cuatro personas, llevando a las ancas, si por ventura sobran, tamañas árguenas henchidas de cachivaches, y arreando un par de borricos cargados de colchones desvencijados, esteras viejas y cazuelas rotas; todo coronado por el gallo y las gallinas atadas de patas, y por el gato que maúlla encerrado en un costal.

Sin embargo, el día de la batalla muchos campesinos, dominados de la curiosidad, se habían puesto en algunas alturas y a respetable distancia a ver pasar los batallones, así los que salían de Ambato en busca del Ejército Convencional acuartelado en el pueblo de Santa Rosa, como los que de aquí partían a encontrar al enemigo en lugar conveniente. Aquí y allá, agazapados tras los cercos de cabuyas y los matorrales de **sigse**[58] veíanse pequeños grupos de hombres y mujeres cariasustados, las bocas abiertas, todo ojos, y dispuestos a correr

..............................

[58] Planta nativa de la Sierra ecuatoriana y cuyo cogollo se utiliza con fines medicinales.

como unos gamos al más corto amago de peligro.

* * *

A las cuatro de la tarde, hora de soltar las yuntas, como dicen nuestros campesinos, el sol, que se avecinaba a su sepulcro, lanzaba con toda fuerza sus rayos oblicuos encendiendo las arenas de los llanos y haciendo que las cimas de los Andes occidentales pareciesen estremecerse al reflejarlos. Las ráfagas del viento del sur levantaban nubes de polvo, y hacían sonar lúgubremente los matorrales e inclinaban las ramas de algunos capulíes, aquí y allá diseminados por las llanuras. Sin embargo el sol, que todo lo ilumina y alegra, aun cuando va a morir, no había quien notase que esa hora estaba muy triste. ¿O era que la idea de lo que iba a pasar entristecía a todos, y el velo fúnebre que envolvía las almas les parecía también tendido sobre la naturaleza?... Esos miles de soldados que habían pasado por ahí eran los ríos de vida que iban en busca de la muerte para darla y recibirla. En una hora los campos quedarían sembrados de cadáveres, los aires se poblarían del siniestro ruido de las armas y de los gritos de dolor de los heridos, y caerían multitud de esperanzas e ilusiones y quedarían centenares de viudas y huérfanos que derramarían largo tiempo lágrimas que la bandera del triunfador no podría enjugar. ¡Maldita sea la guerra!...

Hasta alguna distancia se alcanzaba a percibir el toque de las cornetas; pero repentinamente sonó un tronido como de volcán que hacía erupción; luego otro y otro, y después una sucesión de estruendos que formaban un solo prolongado y espantoso. De donde partía el estridor se levantaban nubes espesas de polvo y humo que se extendían por el cielo y lo enlutaban.

Se había trabado la batalla; la muerte se regodeaba en el festín que le servían los hombres enfurecidos.

Los campesinos curiosos, al oír las primeras descargas, se pusieron en fuga, aterrados, temiendo que les alcanzaran las balas, no obstante lo lejano de la lid. Las mujeres corrían encorvadas y tapándose los oídos con las manos abiertas y dando alaridos; los hombres se les adelantaban en la carrera quitándose los sombreros para que nos los arrebatara el viento; algunos chicos desarrapados, cayendo y levantando, volaban tras las madres.

Con todo no faltaban curiosos que se quedaban tras los cercos, mirando hacia el lado del ruido y del humo por entre las aberturas que dejaban las anchas hojas de las cabuyas.

Cerca de una hora después de empezado el combate, comenzaron a desprenderse de entre las nubes de polvo grupos de gente que se desparramaba en todas las direcciones. ¿Habéis visto alguna vez estallar de repente un trique-traque en una plaza, y salir disparados por los cuatro vientos cuantos perros había en ella? Si lo habéis visto, ya podéis imaginaros lo que en esos momentos pasaba en Miñarica.

La derrota del Ejército Restaurador había comenzado. La gente que buscaba salvación en la fuga levantaba también marejadas de polvo, y envuelta en ella parecía bandas de aves fantásticas que volaban a flor de tierra y caían luego y desaparecían. Sí, caían, pues tras los fugitivos iban el acero y el plomo de los vencedores que los alcanzaban. El furor de los soldados convencionales, avivado con la embriaguez de la victoria, no daba cuartel a nadie.

Una hora duró la persecución. La noche comenzaba a enlutar el campo de horror de Miñarica y los caminos y llanuras donde habían caído centenares de fugitivos heridos por las espaldas. De rato en rato, oíase aún el traquido de algunos fusilazos, el galopar de pequeños pelotones de caballería y los gritos de los jinetes, y quizás el quejido de algún infeliz que derribaba el bote de la lanza, no ya por necesidad, sino por el criminal y bárbaro placer de matar.

Cerca de media legua abajo del campo de batalla se extendía un llano, uno de cuyos extremos laterales tenía un cerco bastante algo, de base formada por las menudas raíces de la cabuya tupidamente enredadas entre sí, y de cima coronada de esta planta en prolongada hilera. Había sin embargo un portillo, por el cual se subía o bajaba no sin dificultad, pisando en unos pequeños huecos practicados en aquel como muro de raíces. Era compuerta de dicha abertura una cabuya arrancada, que se ponía o quitaba según fuese necesario; y encajaba tan bien, que una vez así cerrado el portillo no era fácil reparar en él.

Uno de los campesinos curiosos había tenido valor para permanecer en este punto durante la batalla y la derrota. Pero no parecía ser vana curiosidad, sino algo noble y cristiano: quiso, en presencia de la atrocidad de los hombres, rogar a Dios por ellos; mientras el furor y la saña de los combatientes, y luego los de los vencedores, arrebataban almas de este mundo, él rogaba a Dios por esas almas echadas a la eternidad, y por las que quedaban en la tierra acariciadas por la victoria, pero cargadas de terrible responsabilidad ante el cielo y ante la razón humana. ¿No era esto muy cristiano y noble?

El buen aldeano, como los demás, oía el estridor lejano de la batalla y veía el polvo y el humo, y sentía helársele la sangre, y se estremecía, y le temblaba en la mano el rosario de cuentas de coco en que rezaba. Por el extremo opuesto de la llanura vio correr muchos fugitivos, y caer no pocos, desesperándose de no poder favorecerlos. A veces el llanto humedecía sus ojos; otras interrumpía su rezo y exclamaba, cual si para algo sirviesen sus palabras y batiendo los brazos:

—¡Corre! Corre, pobre derrotado ¡que te alcanzan!, ¡que te matan!... ¡Ah! ¡No le maten!... ¡Infeliz rendido!... ¡Lo lancearon!... ¡Ah, qué crueldad!... ¡Dios mío, ten compasión de ellos!

—¿Hasta cuándo estás aquí? —le dijo una mujer, cuya llegada no había advertido el aldeano—; ¡qué tal no cansarte de ver la guerra y a los que van huyendo! ¡Vamos a casa!

—Aguarda— contestó él metiendo la cabeza por entre una abertura que dejaban las cabuyas y fijando vivamente la mirada en el llano.

—Mira que ya viene la noche.

—Te digo que aguardes.

—Mira que no has comido y el caldo está ya frío.

—Ya iré.

—¿A la media noche?

—No seas exigente.

—¡Ah, qué hombre este!

—Pero mira.

—¿Qué debo mirar?

—Esos que vienen.

La mujer extendió la cabeza sobre el hombro de su marido y miró también al llano.

—¡Jesús me valga! —exclamó—; ¡soldados! Vamos de aquí; corre, van a matarte.

—No, hija, aquí no hay riesgo.

—¿Y si echan tiros?

—No, si son derrotados... ¡Ah! Uno es derrotado... y le persiguen. ¡Pobrecito!

—¡Misericordia! Van a matarle... Y a nosotros también.

—No temas.

—No seas imprudente.

—¡Cómo le salvara!

—¡Imposible!... vamos... ¡Vamos!

Y la mujer desesperada tiraba del brazo al marido por separarle de ese lugar, y él forcejeaba por quedarse, repitiendo:

—Aguarda; déjame; ¡quisiera salvarle!

Entre la sombra del crepúsculo alcanzábase a divisar, en efecto, un oficial que se aproximaba al cercado, sin saber quizás lo que hacía. Espoleaba sin descanso a su mal **bagaje**,[59] sobre ser malo, cansadísimo ya; y no bastando el aguijón, dábale a derecha e izquierda con la gorra, y animábale con la voz; mas el caballo ¡paso entre paso renqueando! Tras el desdichado venían cuatro soldados, también a caballo, **borneando**[60] las lanzas cuyas rojas banderolas semejaban llamas batidas por el viento, y lanzando gritos salvajes: —¡Huyyy chiguagüito!, ¡para!, ¡tente! ¡Cobarde, tente!

Los caballos en que estos venían, no menos cansados que

...........................

[59] Animal que cargaba equipo militar e incluso a los mismos oficiales o soldados.

[60] Mover, torcer.

111

el otro, no acortaban muy velozmente los cien metros que mediaban entre perseguido y perseguidores. Pero al fin, el caballo del oficial, agotadas sus fuerzas a pocos pasos del cerco, dio en tierra consigo y con el jinete. Este, al caer, arrojó un rugido espantoso. ¡Estaba perdido!

Mas al instante mismo nuestro buen aldeano, con la ligereza de un galgo excitado por el ansia de atrapar su presa, saltó por el portillo que describí hace poco, voló hacia el derribado oficial, no obstante que oía cerca el tropel del enemigo; miróle la cara, se conturbó un poco, se estremeció; pero alzando al cielo una rápida mirada suplicatoria, se echó al hombro al exánime soldado, volvió al portillo y, agarrándose con la siniestra de una penca mientras con el brazo derecho sujetaba su carga, en un momento estuvo tras el cerco.

—Cierra el portillo— dijo fatigado a su esposa.

Ella obedeció con prontitud y encajó la cabuya en el resquicio.

En este instante llegaron los perseguidores, y rabiando contra el salvador y el libertado, flecharon lanzas que como aladas víboras volaron y se clavaron en las carnudas hojas de las cabuyas.

No era posible saltar este parapeto natural, y desistiendo de su cruel empeño, volvieron caras los cuatro soldados y se retiraron echando blasfemias y amenazas.

—¿Estás herido? —preguntó la aldeana a su marido, temblando al notar las manchas de sangre en su chaqueta.

—No, hija; el herido es este pobre oficial —contestó tendiéndole suavemente en el suelo, mientras tomaba algún respiro.

La mujer se inclinó para mirarle, y se enderezó luego y retrocedió espantada exclamando:

—¡Ay!... ¿Por salvar a este te has expuesto a morir?

—Sí, hija mía. Y es preciso acabar de hacer esta buena obra.

—¡Pero, hijo!...

—Calla y ayúdame.

Volvió el campesino a alzar al oficial sobre el hombro,

ayudóle la mujer, y echaron ambos a caminar, él delante y ella detrás.

Cuando llegaron a su casa, la noche era ya cerrada.

* * *

La mujer se apresuró a encender una vela, y por orden del marido arregló el pobre lecho de ambos y en él tendieron al herido. Desciñéronle la espada, quitáronle la levita, abriéronle la camisa y examinaron la herida. Extensa era esta y en el costado izquierdo, mas no profunda; sin embargo, la sangre perdida era mucha, y la debilidad causó fuerte síncope al robusto oficial en el momento en que cayó del caballo.

Dos niños y una niña, el mayor de cinco año y la última de tres, flores del amor de ese excelente par de aldeanos y regocijo de su choza, se habían acercado al herido y, con labios abiertos más de lo común y ojos desorbitados por el asombro y el miedo, le contemplaban en silencio. Jamás habían visto un soldado, menos con cara tan aterradora.

La madre calentó agua, el mozo echó en ella una buena porción de aguardiente, y empapando un paño en la mezcla lavó suavemente la herida. Después le aplicó una venda y luego comenzó a soltar entre los labios entreabiertos del oficial cortas porciones de caldo caliente. No había otro remedio aplicable para que volviera en sí.

Comenzó a moverse el enfermo, masculló no sé qué frases confusas, abrió los ojos sanguinolentos y los volvió lentamente por todas partes.

—¿Dónde estoy? —murmuró al fin.

—En casa de amigos —se apresuró a contestar el aldeano.

—¡Ah!... cana… lla… ¿Quién… me… trajo… acá?

—Yo.

—¿Para… qué?

—Para que no le maten sus enemigos.

—Enemigos… ¿y dónde están… esos… bribones?

Y al decir esto el oficial hacía esfuerzos por levantarse.

—Cálmese, cálmese y no se mueva y no tenga miedo.

—¿Miedo? ¡canalla! Mi espada, ¿dónde está mi espada? Quiero matarlos; ¡que vengan esos!

—¡Misericordia! —dijo por lo bajo la mujer—, ¿qué hemos hecho trayendo a casa este soldado?

—Calla, hija; hemos hecho una obra buena.

—¿Pero no oyes lo que dice? ¡Jesús me valga!

—Déjale que diga lo que quiera, y cállate: ¡que no te oiga! Y volviéndose al enferme añadió:

—Cálmese usted, señor Capitán y haga por ver si duerme un poco.

—Dormir… bueno.

Y el enfermo cerró los ojos; pero comenzó a fatigarse y el sordo quejido que se le escapaba a cada segundo denunciaba que su dolor no era pasajero.

Los niños se durmieron; pero de seguro soñaban en la cara medrosa del soldado, pues especialmente la chica saltaba de cuando en cuando en la cama, dando agudos gritos.

El par de esposos, que se habían improvisado una mala cama en un ángulo de la choza, se acostaron después a rezar a media voz unas cuantas oraciones.

\* \* \*

La noche fue pésima así para el oficial como para sus abnegados hospedadores. Sin embargo, por la mañana el enfermo se sintió mejor. Curáronle los buenos aldeanos con afán y amor, y él iba comprendiendo el beneficio que se le hacía. Quizás por primera vez en su vida brotaba en su mente la idea de cuánto podía la caridad, y se movía su corazón con un «si es no es» de sentimiento humano.

Sin duda era valiente: en esos tiempos por maravilla se daba con soldado que no lo fuese; pero penetraba su situación y se inquietaba un poco.

—Dime, moza —dijo a la aldeana que se le acercaba con una taza de humeante caldo—, ¿no corro aquí peligro?

—Ninguno —contestó, ocultando apenas la repugnancia

que le causaba la fisonomía de su huésped.

—¿No pasan soldados por la cercanías?

—No, señor.

El capitán comenzó a sorber el caldo; pero se detenía de cuando en cuando para mirar las carillas asustadas de los chicos que asomaban juntas por la puerta, como un racimo de manzanas.

Luego oyó este diálogo que ellos y su padre sostenían en el corredor.

—¿Quién es ese hombre tan feo?

—Es un pobre señor militar, a quien han herido en la guerra.

—¿En eso que ayer hacía tanta bulla y tanto polvo allá lejos?

—En eso.

—Mejor hubiera sido que ese hombre feo muriera allí.

—No digas eso, hijito mío; está mejor que no haya muerto.

—Pero si es malo.

—¿Cómo sabes que es malo?

—Yo sé que es malo. ¿No le ve la cara?

—Aunque sea malo, es preciso tenerle lástima.

—Yo no le tengo lástima.

—Mal hecho.

—Pero si tiene cara de perro bravo.

—Pero si tiene cara de toro.

—Pero si parece coco.

—Callen, callen; no digan esas cosas. Taita Dios ha de enojarse con ustedes.

—¿Taita Dios quiere a ese hombre feo?

—Sí, como nos quiere a nosotros y quiere a todos.

—¿Y usted también le quiere?

—Sí, y por eso le he traído acá para curarle.

—Ah…

—Ah…

—Si usted le quiere y le quiere también mamita…

—¿Le han de querer ustedes?

—Sí.

—Sí.

—¡Pobre soldadito!

Y todos los tres niños volvían a meter las cabecitas por la puerta, algo menos asustados ya.

El oficial los miró con semblante apacible. Mientras escuchaba el diálogo había pensado:

—¿Si seré malo como lo creen esos chicos?

Y su conciencia le contestó, aunque confusamente:

—Esos chicos tienen razón.

No hay como la desgracia y el dolor para hacer hablar a la conciencia, y en desgracia estaba el oficial y padecía dolor.

* * *

Dos días después el enfermo estaba tan mejorado que ya se sentaba con bastante desembarazo. La herida era limpia y no se había presentado la supuración. Los aldeanos se esmeraban no solo en curarla, sino en tratar con bondad y cariño a su huésped, no obstante la rudeza del lenguaje y maneras de este. La mujer, bonísima, de esas mujeres que abundan en nuestro pueblo, y que muchas veces es necesario no juzgarlas por lo que dicen, sino por lo que hacen, se enfadaba su poquillo; pero el marido, más reflexivo y calmado, le iba a la mano en los deslices de la lengua.

—Hija —le decía en tono de reconvención cuando se alejaban del enfermo—, estamos haciendo una obra de caridad, y para que sea perfecta delante de Dios, es necesario no ofender en nada al señor oficial.

—Sí, pues —contestaba ella algo picada—, tú solo eres tan buenito, y no te gusta que yo diga nada y quieres que todo le tolere a ese feo malo.

—¿Eh? Ya ves: con que ese feo malo…

—Yo no olvido.

—Mal hecho…

—Pero perdono.

—Si perdonas, calla y olvida.

116

La buena mujer se mordía suavemente el labio inferior, bajaba los ojos y volvía las espaldas al marido.

Una mañana el aldeano ayudaba al enfermo a sentarse en la cama, mientras la mujer le acercaba el desayuno que consistía en una suculenta taza de caldo y medio de pollo asado que echaba un olorcillo tentador. El oficial estaba triste: la conciencia le había hablado con alguna más claridad. Y luego, ¡esa gente tan buena que le servía con tanto amor!... ¿Con qué le pagaría?

Por primera vez en los días de su enfermedad y quizás en su vida, dijo medio conmovido:

—¡Gracias, gracias! Pero, dime, canalla —añadió al aldeano—, ¿por qué empleas para todo la mano izquierda?

—Porque… porque…

—Porque no tiene la derecha —dijo la mujer concluyendo la frase que el marido no acertaba a terminar, y clavando al mismo tiempo en él una mirada expresiva que decía: «No ves que es malo: todavía te trata de canalla»

—¡Cómo! ¿que no la tiene? ¿Y por qué es manco?

—Usted lo sabe.

—¡Chito, mujer! —dijo el aldeano.

—¿Que yo lo sé?

—Sí, señor, usted…

—¡Calla, mujer!

—Usted se la cortó.

—¡Yo!

—Usted.

—¿Pero cómo?

—¡Calla, Margarita!

—¿Se acuerda usted de los reclutas que ahora seis años llevaba amarrados mano con mano de Ambato a Riobamba?

—¡Ah! Sí… sí…

—¿Se acuerda usted…?

—¡Pero, por Dios, Margarita!

—Déjame hablar, José. Sí señor; ahora seis años en Huachi.

—¡Aaaaah!... Me acuerdo…, me acuerdo…

—Un pobre recluta cayó accidentado, y usted le cortó la

117

mano de un machetazo.

—¡Hija, Margarita!

—Mi pobre José, que es este manco, y que cayó como muerto, por la misericordia de Dios pudo sanarse; pero su madre se murió de veras de susto y de pena. ¡Pobre madrecita!

El Capitán Feroz inclinó la cabeza como si le hubiesen echado un quintal de plomo sobre ella.

José miró a su mujer con ceño, y en esa mirada le decía:

—¡Has echado a perder nuestra buena obra!

El Capitán alzó con viveza la frente, y dándose en ella una recia palmada, dijo a José:

—Mira, cana… mira, bru… mira, hombre, te digo, dame ese sable que está colgado ahí.

—¡Jesús me valga! —exclamó la mujer.

—No temas, moza.

—¡Si usted quiere matarnos!

—No temas, repito. Mira, bru…, mira, amigo, tráeme el sable, pues yo no puedo alcanzarlo.

—¿Qué quiere usted hacer con él? —preguntó José con más asombro que susto.

—Ya lo verás.

—Yo no se lo doy.

—Dámele.

—No, señor.

El Capitán hizo entonces un esfuerzo para ponerse en pie y tomar el arma, pero cayó al lecho.

Al punto el aldeano metió los brazos para alzarle, y su mujer acudió también, depuesto su miedo y con solicitud cariñosa.

—Pero, señor, por qué no está buenamente —dijo ella.

—Usted está todavía débil —añadió el marido—. ¿Para qué quiso levantarse? Ya ve usted lo mal que le ha ido.

—¡Quiero morirme! —murmuró el enfermo.

—Mal hecho de querer eso.

—¿Para qué me libraron ustedes de mis enemigos?

—Para que viva.

—Mira, cana…, mira, ya que no quieres darme el sable,

tómale, desenváinale y mátame.

—¡Jesús! ¿qué me propone?

—¡María Santísima! Este capitán se ha endiablado —exclamó Margarita santiguándose.

—No sean ustedes brutos, y ¡tan cobardes!

—Él es el bruto —añadió por lo bajo la mujer.

—Mira hombre —repuso el oficial—, es preciso que me mates. ¡Ea! ahí está mi sable.

—¿Cómo ha de ser preciso que yo cometa un crimen? ¡Dios me libre de hacerme reo!

—Vengarse no es hacerse criminal, y tú necesitas eso: solamente matándome puedes hacer que yo te pague los males que te he hecho.

—Ya me he vengado, señor Capitán.

—¡Cómo!

—Como usted lo ha visto.

—No te comprendo, bruto. Con que yo te he tratado con crueldad, te he cortado la mano destinada a trabajar para tus hijos, te he quitado tu madre, y todo esto sin más que mi gusto de malvado; y tú me has salvado la vida poniendo en peligro la tuya, me has traído a tu casa, me has curado con amor… ¡y dices que te has vengado! Mira, canalla, no te entiendo.

—No importa que usted no me entienda.

—Pues ¿quién va a comprenderte?

—Dios.

—¡Dios!…

En el cerebro del Capitán iban brotando nuevas ideas y su alma comenzaba a iluminarse.

—¡Dios! —repitió después de un instante de silencio—. Al fin dime hombre del diablo, ¿por qué has hecho conmigo esas cosas, en vez de matarme y vengarte?

—Porque soy cristiano.

—¡Porque eres cristiano! —murmuró el Capitán inclinando la cabeza y cruzando los brazos. Esa frase encerraba un mundo moral que había permanecido cerrado para él, y al vislumbrar el resplandor de su belleza sentía a un mismo tiempo refrescársele el corazón y anonadársele el alma. El cristiano

José y la cristiana Margarita le iban venciendo.

«¿Si será ser bueno ser lo que son estos canallas?», se dijo.

El insulto había llegado a ser tan natural en él, que precedía todos sus pensamientos y acompañaba todas sus palabras.

\* \* \*

El Capitán Feroz iba haciéndose digno de que se le suprima o cambie este funesto nombre. Su trato era ya suave, y no menudeaban mucho las palabras ofensivas, ni aun truncadas como solía hacerlo impedido por las circunstancias de decirlas completas. Miraba a José y Margarita hasta con cierto respeto, y los niños le habían perdido el miedo. El de cuatro años, el más travieso de la partida, aun se atrevió un día a descolgar el sable envainado y dar sus carreras caballero en él, hasta que se lo quitó Margarita, castigando al chicuelo con un ligero papirote que disgustó al Capitán.

Este se había puesto bastante bien, y daba sus paseos por los alrededores de la casa: le inquietaba el no saber nada cierto de cuanto pasaba en el Gobierno y en el Ejército, pues si bien corrían por los campos noticias abundantes, eran de esas que reciben y dan los campesinos despojándolas de la verdad lo menos un diez por ciento.

Una mañana —mañana de esas tan comunes en nuestra tierra, en las que el sol nace entre nubes tenues y blanquísimas; en las que los montes, a cuyas plantas se han agrupado las espesas nieblas, parecen altares gigantescos sobre zócalos de mármol, en que naturaleza toda sonríe y toda alma con irresistible impulso se eleva a Dios—, el Capitán se había sentado en un banco a la entrada de la casa a recibir el dulcísimo calor que venía del Oriente. Todo era paz y animación delante de él: José hacía uncir un par de robustas yuntas, y con la mano que le quedaba compartía la labor de sus dos jornaleros; Margarita ordeñaba una hermosa vaca, mientras el mayor de sus hijos bregaba por contener el ternerillo desesperado por acercarse a la madre y gozar el alimento que se le robaba, el otro chicuelo, llena la falda de la camisa de granos de maíz, los regaba de poquito en poco, riendo a todo reír de ver el afán con que las gallinas corrían de aquí para allá disputándose el alimento y dándose picotazos; la hermanita del buen amigo de esas útiles y simpáticas aves había dejado el lecho la última y apenas cubierta de su camisita blanca y de pies en el borde del corredor, se frotaba suavemente los ojos para quitarse las postreras huellas del sueño, en tanto que con la otra se rascaba la cabeza abultada por el desorden del cabello. La chica era toda pereza.

—¡Haragana!, ¡dormilona! —le gritó la mamá viéndola con ojos brillantes de amor y sin dejar su ocupación—: ven acá.

—¡Mamita! —contestó la niña, saltó del corredor, voló abriendo los redondos bracitos y se colgó, por las espaldas, del cuello de la madre.

Esta acababa de llenar un jarro de lata de leche cuya cándida y vaporosa espuma sobresalía dos dedos de los bordes, y volviendo la cabeza dijo al oído de la niña algunas palabras; la niña miró con ojos vivarachos al Capitán, tomó el jarro y a tientas para no regar la espuma fuese a él.

¡Qué poder de la inocencia y belleza de un ángel! El Capitán Feroz, al tomar el jarro, «¡Linda mía!» exclamó, e hizo una afectuosa mamola a la hija de Margarita.

En ese momento sonaron las pisadas de un caballo, y luego asomó un jinete que por su decente traza no era ningún campesino, y se dirigió a José. El Capitán no dejó de inquietarse; lo notó Margarita, se le acercó y le dijo:

—No tema usted nada; es un buen caballero, es nuestro compadre el señor N…

El señor N…, al paso a su hacienda quiso ver a su compadre José para hacerle un encargo. El aldeano le saludó con respeto, y después de ofrecerle hacer lo que le pedía, le preguntó qué pasaba en Ambato, si ya había orden, si ya no se perseguía a nadie, y otras cosas, y aun acercándose al montado y cruzando los brazos sobre el alazán, habló en voz baja no sé qué con muestras de mucho interés. El caballero volvió la cabeza con disimulo para ver al Capitán, y este, entre sorbo y sorbo de la leche, había echado ya sesgadas miradas al caballero, como perro que come y recela que otro le dispute el bocado.

El compadre se despidió del compadre, saludó con la mano a Margarita y partió.

José se acercó risueño al Capitán y le refirió cuanto dijera el señor N… añadiendo que era persona muy respetable y a quien se le podía creer todo. Resultaba, pues, de las noticias, que Ambato y casi todo el interior del Estado se encontraban en calma, que ya había un gobierno provisional, que el general Flores no solamente no perseguía a sus enemigos, sino que los trataba con suma clemencia y notable generosidad, y que aún el general Barriga se encontraba en una de sus haciendas libre y sin que nadie le molestase, como en iguales condiciones vivían también otros muchos jefes y oficiales del ejército vencido.

—Entonces —dijo el Capitán—, puedo ya irme de aquí.

—Como usted guste, señor —le contestó el aldeano—, ¿se siente ya de veras bueno?

—Perfectamente. Pero ¡qué diablos! —añadió el soldado rascándose la mollera.

—¿Pero qué, señor?

—Si yo… mira, José… ¡Cáscaras!... Si supieras…

—¿Tiene usted algún recelo?

—Hombre, cómo no.

—Entonces no se vaya.

—¿Y qué hago aquí?

—Quedarse con nosotros: hágase usted chacarero.

—¡Ja, ja! No seas bruto.

—¿Pues entonces?...

—Me voy, aunque el General me haga pegar cuatro pepazos. ¿Y que no los merezco? ¡Vaya!

—¡Ave María! No arriesgue usted el pellejo.

El Capitán permaneció caviloso unos minutos. Bien es verdad que le sobraba motivo para temer seriamente, y no solo para recelar. ¡Pues ya era nada eso de haber sido desleal para con su antiguo jefe y haberle abandonado, y más que esto haber hecho armas contra él, olvidándose por completo de los favores que le debía! Todo esto, ¿por qué? Por la causa que sirve todavía para que infinidad de militares se vuelvan desleales y hagan revoluciones o se sometan a ellas: la codicia del ascenso. El Capitán Feroz era convencional y floreano; los Chiguaguas le ofrecieron elevar a Coronel, y... ¡hétele en Miñarica!

—Resuelto: ¡me voy! —dijo al cabo el Capitán, poniéndose en pie—. Y si el diablo me lleva: ¡a mano!

—Sea usted bueno y Dios ha de protegerle.

El huésped miró fijamente a José y con cierto modo como si quisiese decirle: «Veremos si se puede practicar tu consejo: ya me va pareciendo que es bueno ser bueno».

—Usted se irá mañana.

—Hoy mismo.

—¿No quiere usted quedarse ni un día más con nosotros?

—No; quiero saber pronto cómo me va.

—A lo menos no se irá usted sin haber almorzado.

—¡Eh! Bien: eso sí. Y entre tanto, prepárame el bagaje.

Almorzaron todos. El Capitán estuvo taciturno y comió poco. Ciñóse el sable; pero antes se acercó al lecho y sacó del ceñidor algo que con disimulo puso bajo la almohada. José lo observaba con más disimulo aún.

Pocos minutos después el capitán Feroz se encontraba rodeado de toda la excelente familia en medio de la cual había hallado no solo la salud del cuerpo, sino también alguna para el alma. Parecía un toro domesticado en medio de esos aldeanos. ¡Cosa admirable! Al acariciar a cada uno de los niños y ajustar la mano de Margarita, le brillaban los ojos henchidos de lágrimas. Ella se enjugaba también los suyos con una esquina del paño que tenía cruzado en los hombros. José, que se ocupaba en atar al pico de la silla un envoltorio con pan y otras **frioleras**[61] para el viajero, fue el último de quien este se despidió.

.............................

[61] Cosa de poca importancia. Con esto, el narrador no nos quiere decir que el paquete contuviese sobras o cosas malas, sino que no vale la pena mencionarlas puesto que son artículos varios, típicos de una bolsa de viaje.

—¡Adiós, canalla! —le dijo ajustándose entre sus brazos.

—¡Adiós, Capitán!

—Mira, pillastre, voy a hacerte unos encargos.

—Señor, los que usted guste.

—Que quieras mucho a esa moza, tu Margarita.

—Encargo excusado: me muero por ella.

—Que quieras mucho a esos chirotillos de tus hijos.

—Son mis amores.

—Mira, José, no les dejes hacerse soldados.

—¡Dios me los guarde!

—Mira, tunante, no dejes de ser cristiano.

—Dios no me ha de castigar con tan grande desgracia.

—Mira… mira, bruto… ¡Ah, caramba!... ¡No te vuelvas a acordar de que yo te rebané la mano!

—¿Acaso me acuerdo de eso?


## III
## DESPUÉS

El Capitán tocó en Ambato y pasó el mismo día para Latacunga. Tuvo hambre, acudió al envoltorio en que iba su poco de pan y cecina, y se sorprendió y retiró la mano cual si hubiese dado con una culebra al hallar envueltos en un pedazo de papel las monedas que pusiera bajo la almohada.

—¡Ese bueno del canalla! —exclamó—. Miren si ha querido aceptarme ni esta **bicoca**[62] en pago de tanta bondad y tantos servicios. Ese ani… pues ¡qué cáspita! Lindo modo de vengarse tiene ese… ese bueno de José.

El general Flores no solamente quiso perdonar, y, en efecto, perdonó a su antiguo Capitán, sino que volvió a darle colocación en el Ejército. Pero ya no era el Capitán Feroz: era suave y considerado con los subalternos, y en especial trataba con paternal afecto a los reclutas, aunque siempre llamándolos canallas y pajarracos.

..............................

[62] Cosa de poco valor o importancia.

Sorprendía su conducta, diversa en un todo de lo que fue en otros tiempos, a sus viejos compinches y camaradas; burlábanse de él cambiándole el nombre de Capitán Feroz en el de Capitán Ovejo. No dejaba de picarle el nuevo apodo, y se ponía colorado y echaba palabrotas a docenas; pero una vez que su coronel, dándole una palmada en el hombro, le dijo:

—Capitán, usted se ha puesto de lo vivo a lo pintado: ¿por qué es usted tan otro con los soldados y con todo el mundo?

Contestó con aire satisfecho y con tono grave:

—Mi coronel, porque soy cristiano.

# UN MATRIMONIO INCONVENIENTE
## (Apuntes para una novela psicológica)

Don Juan y don Pedro eran hermanos que en nada se diferenciaban en materia de honradez, bondad y otras prendas morales; pero en dotes de inteligencias y buen juicio, don Juan vencía a su hermano con tercio y quinto.

Ambos se querían mucho y nunca se enojaron, sin embargo de que frecuentemente no estaban acordes en el modo de pensar y de juzgar algunas cosas. Sus dimes y diretes terminaban a veces con un «Tú eres un bobo», de don Pedro a don Juan.

Este era un viudo, y Luisa, su única hija, bella y discreta como pocas jóvenes de la ciudad, no obstante de ser esta un jardín de rosas y azucenas humanas, se atraía las miradas y los corazones de más de una docena de mozos guapísimos.

Don Pedro era soltero de esos pasados de sazón, a quienes ya ni las **jamonas**[63] miran con dulces ojos. Quería mucho a Luisa y la llamaba hija: la joven le correspondía con cariño filial y le trataba de papá Perico.

\* \* \*

Hallábase una noche don Juan en su sillón forrado de damasco azul, con la palma de la diestra sobre la rodilla de la pierna que, notada en la otra rodilla, estaba en constante movimiento; el codo izquierdo apoyado en el borde de la mesa, y

..............................

[63] Se dice de la mujer que ya no es joven, sobre todo cuando también es de elevado peso.

la frente entre los dedos que habían levantado algún tanto el gorro de nutria, descubriendo parte de la calva que semejaba un trozo de mármol bruñido. La pantalla de forma de abanico y agarrada a la estearina cubría de suave sombra al simpático viejo, presa a la sazón de tristeza mezclada con enojo.

Don Pedro, hundidas ambas manos en los bolsillos de un levitón de ligera tela color ceniza, calado el sombrero de copa hasta las cejas y mascando más que fumando un enorme cigarro, iba y venía a lo largo del cuarto con precipitación que indicaba algo anormal en su ánimo, no obstante ser nada fácil de impresionarse aun de cosas para otros ánimos excitativas.

Cuadróse de repente delante de don Juan, se levantó el sombrero de modo que por poco no le derriba por la nuca, se quitó el cigarro de entre los labios, y después de humedecerlos con la punta de la lengua como para facilitar el resbalamiento de las palabras, dijo en tono de semienfado:

—¡Pero, hombre de Dios! No comprendo tu capricho.

—Yo comprendo menos como tú no penetras la razón que tengo para oponerme a ese matrimonio —contestó don Juan, sin cambiar en nada su actitud, ni levantar siquiera los ojos a fijarlos en su hermano.

—¿Crees —replicó don Pedro— que yo abogaría por Rodolfo si no estuviera convencido de que va a labrar la dicha de Luisita?

—No dudo de tu buen deseo y buenos propósitos para con mi hija. La quieres tanto.

—La amo como tú mismo.

—Y a pesar de que la amas y quisieras verla feliz trabajas para que sea desdichada.

—¡Dale que le das! Se te ha clavado esa aprensión en la mollera como una **nigua**[64] de la sierra, y te mata a picazones. ¡Vamos, Juan! ¿No es Rodolfo un muchacho guapísimo y simpático?

........................

[64] Insecto parecido a la pulga, pero que tiene una trompa más larga. La hembra nigua deja sus larvas profundamente insertadas en la piel de los animales e incluso de los hombres.

—Cierto.

—¿No es bondadoso de genio y levantado de ánimo como todo un caballero?

—No lo niego.

—¿No es laboriosísimo?

—Sí, Pedro, y también honrado a carta cabal y lleno de otras prendas; pero…

—¿Pero qué? Marido mejor para Luisita no podría hallarse en toda América ni en toda Europa.

—Todas esas buenas dotes de Rodolfo —dijo don Juan alzando al fin la cabeza y mirando con energía a su hermano—, todas esas dotes, repito, que pudieran hacer venturosa a Luisa, están contrarrestadas por un defecto que de seguro la haría desdichada. Tú lo sabes…

Don Pedro volvió a morder su cigarro, se rascó la frente como para despertar alguna idea que pudiese oponer con ventaja a la de su hermano, y tornó a dar precipitadamente dos idas y venidas por el cuarto.

—Sí —dijo deteniéndose delante de don Juan—, Rodolfo tiene ese defecto; el chico… pues… cuando en su edad va uno a Europa… difícilmente escapa del contagio de ciertas ideas… Rodolfito… Pero, en fin, ese defecto a él solo perjudica…

—Te engañas, Pedro: ese defecto se transmitiría a sus hijos, y quizás a mi hija, no obstante la esmerada educación religiosa que ha recibido.

—¿Crees que Luisita pudiera hacerse **materialista**[65]?

..............................

[65] El materialismo es la doctrina filosófica que se opone al idealismo. En breves rasgos podemos decir que una de sus principales propuestas es anteponer el mundo material al mundo ideal o espiritual. El materialismo ha tenido muchos representantes a través de la historia de la filosofía, pero si nos ajustamos al contexto en que Rodolfo lo ha conocido, podemos decir que sus representantes en el siglo XVIII son Denis Diderot y La Mettrie. Sin embargo, en el siglo XIX, época en la que está ambientado el relato, ya había empezado la propagación del materialismo histórico dialéctico, teoría propuesta por Karl Marx y Friedrich Engels. No es necesario decir, entonces, que las ideas materialistas estaban firmemente reñidas con la teología cristiana predominante hasta el momento.

—¿Qué difícil fuera? A ello podría contribuir el propio amor apasionado a su marido, y la bondad misma de este.

—Y pudiera también convertirlo a fuerza de amor —replicó con viveza don Pedro—. Mira, Juan, esto de que las mujeres conviertan en unos santos a los maridos incrédulos se ve con mucha frecuencia.

—Y también es muy común ver mujeres pervertidas por los maridos.

—Luisita no será de estas y, además, Rodolfo tiene talento y juicio y estoy seguro que sabrá respetar la fe y las prácticas piadosas de su mujer.

—Yo no estoy seguro de ello como tú, como no lo estaría de librarme del cólera asiático si invadiera mi casa.

—¡Bah, Juan! Y llevas las cosas a unos extremos…

Y don Pedro volvió a sus idas y venidas, con las manos de nuevo en los bolsillos y mascando con vehemencia su cigarro, que había dejado de arder y era ya solo un ruin cabo. Y anda que anda y en frases mal formadas a causa del estorbo del habano, proseguía:

—Rodolfo seguiría tal vez en sus trece, pero allá para sí y nada más; y en tanto, su laboriosidad y honradez acrecerían sus bienes de fortuna, atendería con ellos largamente a las necesidades de la familia, Luisita nadaría en la opulencia, no le quedaría antojo ni aun capricho por cumplir, su posición social sería brillante y envidiable. Niégalo, Juan.

—Así fuera, quizás.

—Sin quizás, hombre de poca fe.

—¡De poca fe! Di lo contrario, Pedro. Precisamente porque soy hombre de mucha fe y la quiero en el que ha de ser esposo de mi hija, me repugna tanto que Rodolfo venga a ser mi yerno.

—Pero advierte, Juan, que para el matrimonio, que no es otra cosa que un estado social cuyos deberes se cumplen en la tierra, se necesitan virtudes sociales también, antes que creencias religiosas; esas virtudes las posee Rodolfo en alto grado.

—Error, hermano mío, error. Además de que la religión es

apoyo y guía de esas virtudes, el matrimonio no es como crees un estado cuyo interés arraiga solo en este mundo: tiene un fin muy elevado…

—Ya comprendo a dónde vas con tu razonamiento; vas a las enseñanzas de la Iglesia.

—Exactamente; y no sé cómo tú que has recibido como yo esas enseñanzas divinas, tú que eres católico, tomas el matrimonio únicamente por su lado humano. El hombre y la mujer se unen para amarse, protegerse, sufrir juntos las contrariedades de la vida y gozar juntos de sus dichas; para formar la sociedad doméstica con una sucesión legítima y educada en la honradez, el orden y el honor; pero no termina aquí el destino del matrimonio: es preciso que las almas que se han juntado por el mutuo juramento de fidelidad, por la abnegación de la una en pro de la felicidad de la otra, por la generosa fusión de sentimientos y hasta de ideas, no miren limitadas sus aspiraciones por la meta a todos señalada en este mundo, el sepulcro: es indispensable que tiendan sus miradas hacia una región superior, a lo inmenso, a lo infinito, a Dios, en quien se resume y queda eternamente fijo su destino. Las leyes morales vienen del cielo, y los frutos que ellas sazonan en la tierra, al cielo suben. El matrimonio cristiano está fundado esencialmente en esas leyes; sus frutos son las almas santificadas en la familia bendecida por Dios, para que se eleven a su fin último, inmutable y eterno.

—¡Cáspita, Juan! —exclamó don Pedro deteniéndose por tercera vez delante de su hermano y echando por fin el cabo del cigarro en una escupidera—; Juan, te has vuelto elocuente y me has soltado un trozo **bosuetano**[66] o **masilloniano**,[67] pero…

…………………………

[66] Adjetivo derivado del nombre de Jacques Bosuet o Bossuet, obispo de la corte de Luis XIV, quien defendió los ideales de la Iglesia Católica frente al Protestantismo y otras tendencias religiosas.

[67] Adjetivo derivado del nombre de Jean Baptiste Masillon o Massillon, clérigo, orador y filósofo que también participó activamente en la vida pública del siglo XVIII. Su fama de orador en defensa de la fe cristiana lo hizo famoso durante los reinados de Luis XIV y Luis XV.

—Guárdate tu pero y escúchame todavía.

—Sigue, hermano mío, que soy todo orejas.

—Bien; quien no cree en Dios, quien no admite otras leyes que las de la materia, ni obra sujeto a otro moral que la nacida de principios racionalistas, ¿podrá comprender el matrimonio como lo comprendemos los cristianos y portarse en él cual conviene para que el alma alcance su supremo destino?

—Juan, aprietas mucho.

—No hago sino traer a cuento los efectos de una causa.

—Aprietas demasiado, te digo. Quieres a todo trance el matrimonio católico, y el mundo está lleno de matrimonios que no lo son.

—¡Ojalá todos lo fuesen! Mas advierte que aunque esto no sucede, como el materialismo no ha obscurecido relativamente sino muy pocas inteligencias, y no abundan los corazones esterilizados por él, en la gran mayoría de los matrimonios del mundo hay alguna creencia, hay algo que saca las almas de las mezquindades de la materia. No me hables, hermano Pedro, de gente que no cree sino en lo que ve y palpa, que se contenta con alcanzar placeres sensuales, que solo teme el dolor que maltrata los nervios, y cuya moralidad no tiene otro fundamento que el egoísmo. Hago un bien a otro, para que me corresponda; me abstengo de hacerle daño, para que no me lo haga a mí; me porto honradamente, porque de este modo alcanzo utilidad. He ahí la moralidad de los que encierran su destino en una esfera puramente material. Si no es uno católico, que aquí está el acierto como lo enseña la iglesia y nosotros lo creemos, sea a lo menos cristiano de cualquier secta; si no esto, sea deísta; si no deísta, mahometano; si no mahometano, cualquier cosa; pues creer aunque sea erradamente y aun de modo absurdo, vale más que no creer nada porque con la fe se prueba que uno pertenece a la familia humana: creer es ser hombre completo; la falta de fe en algo superior al imperio de los sentidos y de virtud más poderosa que las fuerzas de la materia, arguye **descabalamiento**[68] de la

...........................

[68] Salido de lo justo, lo perfecto.

132

obra más admirable de la naturaleza.

—Tente, Juan; mira que te vas no sé dónde. ¿Y Luisita? ¿Y Rodolfo? De ellos tratábamos.

—En efecto; pero ellos mismos me han traído a decirte lo que acabas de oír.

—Bien; ahora vamos al grano. ¿Con que en manera alguna consientes en ese matrimonio?

—Se verificará contra mi voluntad.

—¿Quieres decir que respetas la libertad de Luisita?

—Sin duda.

—¿Sabes ya que la chica está decidida?

—¿No he de saberlo? Hombre, si he librado batallas constantes y de distinto género para salvar a mi hija de una desgracia que tengo por segura.

—Y ella ha triunfado, ¿eh?

—Por completo.

—Pues, hermano mío, me alegro de tus derrotas.

—¡Qué dices, Pedro! ¡Alegrarte de que Luisita se entregue en brazos del infortunio, y que, por consiguiente, sea yo también infelicísimo! Eres un loco.

—No seas bobo, Juan; me alegro porque ambos van a ser felices a pesar de todas tus aprensiones y negros augurios: Luisita con su Rodolfo y tú con la dicha de tu hija. Te repito que en toda la redondez de la Tierra no podía habérsele presentado a mi linda sobrina un partido más ventajoso.

—Para un matrimonio como tú lo comprendes, exacto.

—Para la conquista de un brillante estado social.

—El cual, mi querido Pedro, vendrá a tierra al más ligero soplo de desgracia: en el cual no entrarán para nada las virtudes que labran el verdadero hogar; en el cual serán desconocidos los goces del alma, por falta de ambiente religioso que los haga germinar y florecer; en el cual se ignorará la ciencia de preparar el venturoso porvenir de los hijos.

—¡Vamos, Juan! Eres el hombre de las exageraciones. ¿Luisita no es religiosa, piadosa, atinada, y... que sé yo que más bueno para el matrimonio y para los hijos?

—Y tú, Pedro, el hombre despreocupado y de las facilidades, ¿no prevés que Rodolfo, talentoso como es, vivo, insinuante y atractivo, ha de poder más que Luisa, y si no alcanza a desarraigar de su corazón todo sentimiento religioso, le ha de marchitar, cuando menos, y que ha dejarle incapaz de obrar con la eficacia que requieren las necesidades de la familia?

—Yo no participo de tus temores, mi Juan. Si hubiese, por ventura, colisión de influencias, estoy seguro que la de Luisita vencería y, pasando por encima de la de su marido, quedaría de reina absoluta de su hogar.

—Claro está que tú no piensas como yo y, por lo mismo, no temes nada de cuanto yo temo. Pero doy de barato que tú tengas razón: supongo que a todo el amor que Rodolfo consagre a su esposa, a las cultísimas muestras de estimación de que la rodee, a las comodidades y regalos con que la haga llevadera la carga del matrimonio, añada el respeto a sus creencias religiosas y aun facilite sus prácticas devotas; ¿crees que el bonísimo y sensible corazón de Luisa pudiera estar exento de toda amargura? ¿Crees que su claro entendimiento no penetraría la desgracia de ver a su amado Rodolfo con el alma envuelta en tinieblas, enemistada con Dios, ajena a toda esperanza celestial, destituida de fuerzas para resistir a las contrariedades que nunca faltan en la vida y de fácil caer al primer golpe de un gran infortunio? Y en estos casos ¿qué podría decirle la pobre Luisa para salvarle? ¿Cómo podrá derramar en el corazón de su esposo el bálsamo del consuelo divino? Sus esfuerzos serían inútiles, ese bálsamo caería sobre una roca, y Luisa sentiría en su pecho las angustias del anhelo burlado y de la contemplación de un mal sin remedio que tuviese todas sus garras clavadas en el objeto de su amor.

—Juan, mira que no es razonable eso de buscarse tormentos en males de tu hija que la imaginación solo te forja. Eso que puede suceder tiene más posibilidades de que no sucederá. Trae a tu corazón a su lugar y déjate de aprensiones de beata.

—Pedro, dadas las causas de un mal, no es simple aprensión el temor de que vengan sus efectos. Luisa está hoy **obcecada**[69]

..........................

[69] Deslumbrada, ciega.

por una pasión amorosa vehementísima y no ve claro el destino que la espera; mas la pasión ha de moderarse y, como Luisa es inteligente, presto o algo tarde, pero de modo indefectible, ha de sentir las amarguras que son quiméricas ahora para ella a causa del estado de su corazón, y para ti a causa de las nieblas de tu cabeza: Pedro, te falta juicio.

—Amarguras visibles solo para ti —contestó don Pedro, sin darse por entendido de la última frase de su hermano—; porque para los inocentes y tímidos el porvenir suele estar poblado de fantasmas. Juan eres un…

—Un inocente, un bobarrón: seré cuanto quieras, hermano; pero óyeme todavía otra aprensión.

—Échala; ¡pero que no sea una **badomía**![70]

—Para que no te parezca del todo un despropósito, abre un resquicio, siquiera como el ojo de una aguja, para que penetre un poquito la luz que se desprende del porvenir, dados los sentimientos religiosos de Luisa, y teniendo por seguro que no se malearán con el contacto de un marido materialista o ateo. Imagínala en la última enfermedad de este desdichado: ella empeñada en volverlo a Dios, él obstinado en sus errores; ¿no eres capaz de penetrar lo terrible de esta lucha? ¿No se te presenta la imaginación de Luisa ante la cual el alma de su esposo vacila entre el cielo y el abismo, y este la atrae con más poder, porque Rodolfo, con propia voluntad la ha entregado al viento que la aleja de la vida? La muerte al fin consuma su obra; Rodolfo ha llevado su impenitencia hasta la tumba; la Iglesia no ha querido cubrir los despojos del impío con el polvo sagrado del cementerio; Dios, ¿habrá franqueado las puertas de su reino al alma que le negó hasta el postrer instante de su residencia en la Tierra?... ¡Pobre Luisa! ¡Infeliz hija mía! Allí está el cadáver de su esposo; su amor le bendice, y le empapa en llanto, y quiere calentarle con sus besos; pero cuando su pensamiento busque a su alma en la eternidad ¿qué será de ella? Se fue… ¡pero no por el camino que conduce al cielo! Busca la

......................................

[70] Disparate, sinsentido.

135

desdichada un refugio en el seno de la misericordia divina para esa alma idolatrada, pero se halla frente a frente con la Justicia inexorable y eterna. Cierra los ojos ante esta, y se esfuerza en buscar una esperanza dando vueltas en torno de aquella. ¿Quién penetra la escena silenciosa entre Dios y el alma que le ultrajó, en el instante decisivo en que termina para ella el tiempo y comienza la eternidad? ¿No alcanzará ese instante para que pueda decir la infeliz: «Señor piedad»? Pero ¿será posible que quien rechazó la luz de la gracia durante largos años llegue a ser accesible a ella en un segundo? Puede ser, puede no ser. El cadáver se ha llevado un secreto; la eternidad no habla. Queda la incertidumbre, este horrible fantasma que pone los ojos en todas partes y en ninguna parte ve nada, y con su aliento que semeja bocanadas de **cierzo**[71] mata todas las flores del consuelo y deja yermos los corazones. Pedro ¿comprendes la situación dolorosa y terrible en que puede caer mi amada Luisa?

—Yo no comprendo las desgracias que no tienen otro fundamento que una posibilidad lejana.

—Quizás comprendieras cuanto acabas de oírme si fueses padre. A mí me dice el corazón que Luisa va a ser desgraciada. Su matrimonio va a ser el camino de su desventura.

—Su matrimonio —repuso don Pedro—, va a ser la llave mágica que le abra todos los tesoros de la dicha.

Y se despidió de don Juan apretándole fuertemente la diestra, y mirándole con ojos medio bondadosos y medio pícaros, como que con ellos quería decirle: eres bastante bobo.

La mirada de don Juan, dulce y compasiva, parecía decir: «hermano mío, eres desjuiciado y me causas lástima».

\* \* \*

El pueblo frecuentemente caza tamañas verdades, sin embargo de que no conoce la filosofía ni por el forro, suele también cantarlas: de él son estos versos:

..............................
[71] Viento del Norte.

136

*El amor es un bichito*
*que por los ojos se mete*
*y si llega al corazón…*
*¡Francisco Javier, tenete!*

Dejemos el último verso que en la persona de Francisco Javier dice a todos los enamorados: ¡Teneos! y vamos a los anteriores. El pueblo ha expresado una verdad: los ojos son las ventanas por donde más fácilmente se cuela aquel bichito, que salta para ello desde el rostro, desde el pecho, desde el talle de una persona a quien la naturaleza dotó de hermosura y gracia; pero, sin duda, porque no cupo en el verso, el cantor no dijo que el amor se metía por los oídos y, a veces, hasta por la boca. Bien es verdad que en este último caso, el amor lleva como poderoso auxiliar la necesidad: el hambre abre la brecha para que pueda ser tomada la fortaleza; pero el asaltante no llega hasta el corazón y se queda en el vientre del vencido. ¡Qué horrible es la lucha del oro contra la pobreza! ¡Qué triste es la victoria de aquel poderoso! ¡Qué lamentable la suerte de la belleza que sucumbe a la necesidad!

—¡Luisita era pobre?...

No, lector mío: era única heredera de un papá que si no contaba millones, tenía una fortunilla muy decente para su posición social honrada y respetable; don Juan amaba a su hija con pasión, y ya puede uno imaginarse si la chica no lo pasaría rodeada de comodidades bien servida y adulada.

No fue, pues, la boca por donde el amor dio el asalto a la hija del bueno de don Juan. Rodolfo era mozo gallardo, inteligente, ilustrado y de fácil y dulce palabra; y, claro está, Luisita se dejó tomar la fortaleza del corazón por los ojos y los oídos. El amante tuvo por auxiliar a don Pedro; mas fue solo para que le pusiese en el lugar desde donde convenía hacer los disparos, y para derribar el parapeto del papá que tratándose de coronar las alturas del matrimonio, era obstáculo serio, como ya hemos visto.

No podemos instruir el proceso contra el tío de Luisita:

sus intenciones fueron buenas, puesto que, como un segundo padre, se empeñaba en hacerla feliz. Hombre poco espiritual, aunque creyente, algo atolondradón, por demás aficionado a los bienes del mundo y casi nada escrupuloso respecto a las cosas de ultratumba, veía con claridad de tejas abajo, y cuanto arriba se le presentaba confuso e indeciso. Era **positivista**[72] a su modo y, fácilmente seducido por Rodolfo, llegó a apreciar sus buenas dotes y, más que todo, penetró que estaba en camino de ser pudiente; pero no era capaz de alzar una esquina siquiera del brillante manto de las virtudes que da de suyo una naturaleza generosa, para descubrir el alma enferma y débil por la carencia absoluta de fe y de ideas levantadas sobre las mezquindades del mundo material. Las almas de todos los don Pedros como este fraternizan sin dificultad con las de los Rodolfos como el presente. Almas aquellas, sobre las cuales ha caído el bautismo sin poderles despaganizar, se absorben los defectos de las otras, y todas juntas se van camino de perdición.

Rodolfo, muchacho aún, había sido enviado a Europa con el fin de que se educase e ilustrase. Porque, a juicio de algunos padres de familia, en América, en el Ecuador sobre todo, hay mucho atraso, mucho salvajismo, y es preciso que los jóvenes partan al Viejo Mundo a dejar allá las plumas y los pintarrajos de que aquí viven cubiertos, y vuelvan con las caras limpias, las cabezas bien peinadas, los pantalones y las levitas cortados a la moda, y con un andar, y con un braceo, y con un modo de ver y de hablar que no se usan en nuestras sierras ni en nuestras costas. Item: con una manera de pensar sin ningún ribete de preocupación y fanatismo, y un sentir acerca de todas las cosas humanas y divinas muy libre, muy hondo y muy digno del siglo XIX. Es común que

......................

[72] Seguidor del positivismo. El positivista valoraba de preferencia los aspectos materiales de la realidad y tendía al descreimiento de algo si no estaba apoyado en la experimentación. También gozaba de los bienes materiales y de las comodidades dándole preferencia a estos frente a los bienes espirituales.

les petits **sauvages**[73] de las mesetas de los Andes y de las orillas del Atlántico y del Pacífico vengan de Ultramar sin alma, porque esta ha llegado a ser **adminículo**[74] innecesario para la vida, y sin Dios, porque es un ser que, en los tiempos que alcanzamos, no solo no sirve para nada, sino que donde se mete o se lo acepta, es **rémora**[75] de la civilización; y, por último vienen con el corazón como si le hubiesen derretido para darle otra forma en el molde pagano desenterrado de entre los escombros de Grecia y Roma. ¡A qué fin ahora esa entraña como Cristo quiere que sea, con sus generosidades y abnegaciones, con sus briosas resistencias a los apasiona-mientos de amor espiritual, con sus delicadezas virginales y sus angélicas aspiraciones! ¡Bah! El corazón vaciado a la moderna, el corazón propio a responder a las aspiraciones de una vida que nada tiene que ver con el cielo, sino sola-mente con el mundo, ha de entregarse sin reserva a todas las concupiscencias, ha de trascender a las voluptuosidades de **Chipre**,[76] la sangre que le anima ha de estar saturada de vino generoso y sus palpitaciones han de tener sonido metálico.

Frecuentemente oímos por acá este o semejante decir: «¡Qué joven tan estimable es Fulano! ¡Qué inteligente, qué juicioso! Con un bañito de Europa no habría más que hacer para tenerlo redondo». En efecto, a muchos sienta bien ese bañito, cuando para que le reciban se han tomado muchas precauciones: prepararlos con una bien fundada y seria edu-

...........................

[73] En francés, «pequeños salvajes».

[74] Artículo que la persona lleva consigo para darle alguna utilidad o para satisfacer una necesidad.

[75] Pez marino que posee en su cabeza un disco cartilaginoso, por medio del cual se adhiere fuertemente a piedras u otros objetos que encuentra en el mar. Antiguamente, se creía que el poder de adherencia de la rémora era tan fuerte que podía incluso detener un barco. Aplicado en este contexto, se quiere dar a entender que el concepto de Dios era considerado un fuerte lastre para el avance de la civilización.

[76] Isla ubicada en el Mediterráneo, era uno de los supuestos lugares de nacimiento de la diosa Afrodita. Esta, a su vez, identificada como la diosa del Amor y la Belleza, encierra en sí misma también el concepto de voluptuo-sidad.

cación religiosa y moral, acostumbrarlos a la moderación y la economía, darles por compañero un **Mentor**[77] cristiano, etcétera. Pero si aquí mismo (lo cual ¡ay! es tan común) se ha descuidado de nutrir a un joven con sanas ideas y sentimientos delicados y generosos, y después se le llena la bolsa, y completamente solo y libre se le envía más allá del océano y pone en el centro de aquel otro mar de placeres, lujo, voluptuosidades y tentaciones de todo género que se llama sociedad europea, ¿qué ha de suceder? ¿No irá ese joven a cambiar oro con vicios, a envolver su alma en redes de errores e impiedades, a dejar pedazos del corazón en los zarzales de las pasiones, a sacrificar la salud en aras de la prostitución? En vez del bañito de cultura tan apetecido, se dará una zambullida en un **noque**[78] de podredumbre. El que resguardado por prudentes condiciones y con ánimo de ilustrarse y hacerse a un buen acopio de experiencia, que no con solo el propósito de divertirse y derrochar, viaja por el Mundo Viejo, en donde por otra parte están en verdad las fuentes de la civilización que van desenvolviéndose con rapidez en América, vuelve, de seguro, a contribuir a este desenvolvimiento y es digno de aplauso; el que no, ¿qué provecho trae para su familia y su patria? Si algo trae es un deshonroso aburrimiento por haber dejado los placeres de las Cortes europeas, que no encuentra bajo el sol ecuatorial y entre las paredes del hogar paterno, ya que no trae en su persona un regular contingente de mal para añadirlo al que entre sus hojas nos introducen tantos libros y periódicos brotados de las prensas malsanas de Europa, y tantos caballeros del milagro como desembarcan en nuestras

...........................

[77] Este nombre ha pasado a la historia para señalar al preceptor o acompañante que enseña y aconseja. Mentor era amigo de Odiseo y encargado de cuidar sus intereses cuando el héroe partió a Troya. Mentor fue el preceptor de Telémaco, hijo de Odiseo, y fue su forma corporal la que tomó la diosa Atenea para aconsejar al joven a que saliera en busca de su padre.

[78] Pozo pequeño donde se acumulan las pieles para ser curtidas. Una de las características de las pieles sin curtir, o en proceso de ello, es un olor fuerte y desagradable, con lo que podemos imaginarnos el hedor que podía salir de un noque.

playas, basura, muchas veces, que le levanta entre la espuma social de un mundo envejecido en el vicio, y el huracán del destino arroja a nuestro continente.

Dicha es que los jóvenes que van a Europa, sin llevar ningún lastre para evitar el naufragio de la inocencia y la virtud, vuelvan siquiera como Rodolfo. Ya hemos dicho lo que este fue: alajísimo, como solemos llamar a un joven de buena figura, simpático, modelo de cortesía, y laborioso y honrado; aunque había dado en la ciencia de aceptar el hecho de la creación y negar su causa, y en la de rechazar al Adán bíblico y atenerse al Adán mono, y en otras cosas por el estilo, tan del gusto de los sabios que tienen a mengua el ser hijos de Dios y prefieren un abolengo brutal.

Rodolfo, prendado irresistiblemente de Luisa, batió el campo, ordenó con habilidad el ataque, y la conquista quedó hecha en pocos días. Era preciso entrar en posesión real de lo conquistado, y para esto se valió de don Pedro, quien ya le había servido con decidida voluntad en las primeras operaciones. Don Juan se resistió cuanto pudo, y hubo discusiones entre los dos, semejantes y aun más acaloradas que la que hemos presenciado al principio de estos párrafos. Al fin, el papá hubo de tratar directamente el asunto con la hija, y aquí fue la derrota de aquel en toda la línea.

En quien sea más tenaz y poderosa la pasión del amor, si en el hombre o en la mujer, es punto que está por resolverse. Quien da preferencia al primero, quien a la segunda, quien juzga que es igual el imperio de aquella tirana en todos los corazones. Yo me inclino a creer que una joven enamorada es más invencible que diez mozos **amartelados**[79] como diez Cupidos. Por ahora, a lo menos, Luisita me presta un gran argumento para defender mi creencia.

Don Juan había combatido contra el amor y la resolución de casarse de su hija, con las mismas razones que ya hemos oído, y aun con otras de más peso nacidas no de lo hondo de su cabeza, sino de lo íntimo de su corazón de padre amantí-

...........................

[79] En exceso galante y amoroso, que da vivas muestras de su afecto.

simo. Comenzó por hablarla en lenguaje lleno de ternura y unción; pero Luisa, poniéndose colorada como un ají, trasudando, trémula, con los ojos bajos como los de una penitente y en voz que revelaba toda la turbación de su ánimo, se limitó a contestar:

—Pero, papacito, ¡si Rodolfo me gusta tanto!

Don Juan cambió de tono, echó competente dosis de seriedad a sus frases y volvió a la carga. Luisa se descoloró algún tanto, se enjugó el sudor de la frente con un blanco pañuelito de batista, y respondió en tono menos tímido:

—Pero, papá, ¡si le quiero tanto!

Don Juan dio la tercera arremetida con toda la energía de su alma: habló largo, sus palabras tuvieron bastante aspereza, su voz era como el estruendo de una avenida. Luisa estaba ya pálida, tenía seca la frente, y mirando sin miedo a don Juan y en voz completamente firme, exclamó:

—Papá, ¡si le amo tanto!

—Lo sé y esto me disgusta.

—No hay remedio.

—Sí que le hay, Luisa.

—¿Cuál es ese remedio, papá?

—Dejar de amarle, para lo cual sirven el buen juicio y la reflexión.

—¡Imposible! Dejar de amar a Rodolfo ¡imposible, papá!

Don Juan quedó medio desconcertado, pues comprendió que este ¡imposible!, en boca de su hija apasionada, equivalía a un *non possumus*[80] papal.

La escena pasaba una tarde en el comedor, sentados frente a frente padre e hija. Esta, después de su contestación redonda y categórica apoyó los codos en el borde de la mesa y escondió el rostro en las manos abiertas, aguardando que arreciara más la tempestad de los labios de don Juan. Digo de los labios so-

..............................

[80] Traducción del latín «es imposible» o «no puedo». Si se agrega a esta frase el adjetivo papal, es porque los escritos eclesiásticos se escribían en latín y los papales tenían el carácter de ley absoluta. Quiere decir, entonces, que la negación de Luisa es incluso más terminante que un manifiesto del Vaticano.

lamente, porque tengo para mí que el enojo del papá era más estratégico que positivo. Habíale sin duda, pero no capaz de producir otra cosa que el terrible ruido con que quiso acobardar a Luisa. Pena, sí, que sobraba en el pecho del infeliz viejo que presentía la futura desgracia de su idolatrada hija.

La quedó mirando fijamente con una expresión de dolor y ternura indecible, y brillaron sus ojos con algo que no era brillo normal; aplicó suavemente a ellos el pañuelo y se le humedeció…

—¡Con que estás irrevocablemente decidida! —exclamó, después de un suspiro que en vano quiso reprimir.

—¡Irrevocablemente! —repitió ella sin quitar las manos del rostro—. Tengo ya un solemne compromiso con Rodolfo.

En ese momento llegó don Pedro, que tenía la costumbre de tomar el café todas las tardes con su hermano y su sobrina.

—Al entrar —dijo con el desenfado que le era habitual—, he pillado cierta palabra… así… como una resolución… ¿Qué decías, Luisita?

—Sin que ella te lo repita —se apresuró a decir don Juan—, puedes adivinar lo que acaba de decirme: eres su confidente y le has ayudado tanto…

—En verdad, conozco algo de cierta historia interesante —agregó don Pedro con la cara animada de sonrisa maliciosa y dando en el hombro de Luisa una palmadita. La joven retiró entonces las manos del rostro y miró a su tío con unos ojos que claramente decían: «auxílieme usted».

Don Juan guardaba silencio. Su hermano pidió café con un grito, cual si estuviese en su propia casa, y comenzó a dar idas y venidas a lo largo del comedor. Trajeron la humeante cafetera que arrojaba aroma delicioso: el viejo echó azúcar en la taza, vertió el líquido, agrególe un poco de agua hirviente, y mientras avivaba el apetito mirando el néctar con ojos cariñosos, encendía en una cerilla fosfórica un descomunal habano, que le salía como una viga por debajo del alero del bigote parduzco. Dio al fin un sorbo al café y una chupada al cigarro, hundió las manos en el bolsillo del paletó, y continuó las idas y venidas.

—Aun cuado ni tú ni Luisa me expliquen nada —dijo al cabo dirigiéndose a don Juan—, me parece que comprendo lo que acaba de ocurrir.

—No es difícil —contestó su hermano con cierto aire de indiferencia.

—No es difícil, ¿eh? Pues hombre, qué ha de serlo. ¡Si están ustedes con unas caras!...

—Algo inmutadas, no hay duda.

—Caras de **casus belli**,[81] ¡ja, ja, ja!

—Algo más.

—¿Ha habido hostilidades?

—Y derrota.

—¿Derrota, hermano?

—De mi parte. ¿A qué negarlo?

—¡Vamos! Cuéntamelo.

—Que te lo cuente Luisa.

—¡Luisita!

Don Pedro se había detenido en esto delante del padre y de la hija, y mirando alternativamente a los dos, despedazaba el habano entre los dientes.

—¡Luisita! —repitió—, dime eso: ¿qué has hecho para vencer la tenacidad de tu papá?

La joven se pasaba y repasaba el pañuelito de holán por la frente mientras con la mano izquierda estrujaba un extremo del cinturón de terciopelo azul que le caía a un lado como un **cíngulo**.[82]

—¡Luisita!, ¡hija mía! —dijo por tercera vez don Pedro, clavando en ella una mirada entre bellaca y amable.

—Pues, tío, le diré…

—¡Échale sin miedo!

—Le diré que papacito…

—¿Qué hay con tu papá? ¡Échale te digo!

...........................

[81] Traducido del latín al español: «motivo de guerra». Luisa y su padre tenían caras que preceden a la batalla o que han estado inmersas en ella. En palabras criollas, podríamos decir, con cara de pocos amigos.

[82] Cordón de seda que terminaba en borlas, utilizado por los sacerdotes para ceñirse el alba.

—Qué ha de haber sino que me ha exigido un imposible.

—Un imposible, ¿eh? Ya voy calando.

—¡Me ha exigido que no ame a Rodolfo y que le olvide!

—Y que no te cases con él.

—Ya se entiende.

—Y ¿qué le has contestado?

—¿No acaba de oírme usted que me ha exigido un imposible?

—¡Ta, ta! Ya lo calé todo: has contestado que es imposible no amar a Rodolfo y no casarte con él, que tienes ya un solemne compromiso. ¿No es eso? Y el papá ha quedado vencido.

Sacó don Pedro las manos de los bolsillos, se las frotó, apretó el puño de la una con la otra haciendo sonar las coyunturas de los dedos como cohetes chinos, y con miradas chispeantes se volvió a su hermano y le dijo:

—¡Juan! ¡Juan, hombre! Mira que tu hija, venciéndote, ha asegurado su felicidad y también la tuya.

—Siempre tú el mismo, Pedro; siempre sin juicio y sin poder mirar las cosas más allá de lo material.

—Y tú siempre bobarrón, y siempre con el empeño de dar a la fortuna con las puertas en las narices; pero, en fin, Luisita, que sabe más que tú y piensa mejor que tú, ha derribado tu voluntad y dado entrada en casa a ese numen benéfico.

—Eso que tú llamas numen benéfico, es la desgracia disfrazada de joven honrado y simpático: dentro de ese Rodolfo que tanto seduce a ustedes está otro ser que asomará tarde o temprano: feo, repugnante, horrible, y derribará el castillo de la dicha que tan alegremente sueñan ustedes.

—¡Calla, Juan, por Dios, que ya me vas aburriendo con este tole! Déjame gozar con el triunfo de mi Luisa.

—Ya callo. Ya no hay más que hacer, sino dejar que mi hija cumpla su voluntad maleada por una pasión incorregible.

—¡Oh! Me gusta hallarte respetuoso para con la libre voluntad de tu hija: así deben ser todos los papás.

Don Pedro dio el tiento final a la taza de café tirando exageradamente atrás la cabeza hasta que cayera la última gota, la más almibarada de todas; chupó con fuerza el cigarro, arrojó tres plumas de humo por boca y narices, y apretó el paso en sus vueltas y revueltas cual si quisiese desquitar el tiempo perdido delante de su hermano y su sobrina.

—¿Sabes, Juan —dijo luego sin volver a pararse—, que me preocupaba la idea de que Luisita pudiera quedarse relegada a la categoría tristísima de solterona? Hoy está salvada aun de esta miseria.

—¡De esta miseria! —repitió don Juan con marcada sorna.

—¿Y qué?

—Y que ni en esto pensamos de igual modo tú y yo.

—Ya lo creo: experiencia tengo de tu manera de pensar tan a menudo…

—Tan a menudo tonta, vas a decirme.

—Estrafalaria, cuando menos.

—Mira, Pedro, ha un momento me pedías que callara, y te ofrecí no hablar palabra, mas fuérzasme a lo contrario.

—¿Qué quieres decirme?

—Lo de siempre: que eres un loco.

—Para oírme lo de siempre también: eres un bobo. Estamos pagados, ¿eh?

—Sea, pero escucha.

—Escucho; pero no hables muy largo. Cuando sueltas la **tarabilla**[83] de misionero enfervorizado… ¡Cáspita! ¡Que te aguante el diablo!

—No estoy ahora para larguras. Oye.

—¡Tole! Ya he dicho que te oigo.

—Quien ha pasado toda su vida, hasta llegar a los sesenta, haciendo ascos al matrimonio, a fe que no tiene derecho a hablar mal de la soltería.

Don Juan descargaba a quemarropa. «¡Huuum!», rugió don Pedro, no hallando palabra con que devolver el tiro; y la pagó el habano que fue triturado con violencia por las muelas, que no ya por los dientes del viejo.

Su hermano guardó un momento de silencio mirándole

......................

[83] Tropel de palabras, dicho por una persona que habla mucho y sin sentido.

146

de hito en hito con maliciosa complacencia.

—Como quiera que sea, mi querido don Pedro —continuó—, es la verdad que has hecho bien de no casarte…

—¡Huuum! —volvió a mugir el hermano de don Juan, escupiendo las piltrafas del cigarro y limpiándose labio y narices con un pañuelo de seda, que hecho una pelota, fue en seguida hundido con fuerza en el bolsillo del paletó.

—Sí, Pedro mío, acertaste: soltero, no lo has pasado mal; casado, además de tu propia desgracia, habrías labrado la de tu mujer y tus hijos. Esto para lo concreto, aunque te amargue la verdad que acabo de hacerte tragar. En cuanto a lo general, si hacen bien quienes se casan, porque tiene favorables condiciones para ese estado bendito, pero difícil, no hacen mal, no, cuantos teniendo una mala suerte en compañía de otros, prefieren hacer solos la peregrinación de la vida. Errados van los que en manera absoluta reprueban la soltería, y raya en vulgaridad, ya es cosa de pésimo gusto, la burla que se hace a los solterones, y sobre todo a las solteronas. Estas, y las beatas y los frailes han llegado a ser el platillo obligado de la charla de los necios.

—¡Ej, Juan! y me decías que no estabas para larguras.

—Como se trataba de Luisa…

—Pero, hombre de Judas, si no has dicho una sílaba de ella.

—¿No has comprendido que mi razonamiento se encaminaba a expresar que no me disgustaría ver solterona a mi hija?

—Pero a ella, sí, le ha parecido más aceptable el empleo de cuidar marido e hijos, que no gatos ni perritos falderos.

—Y yo respeto su querer, por extraviado que vaya. He trabajado lo posible por disuadirla de su intento; ella se ha plantado en sus trece, pues, ¡amén! Cuando venga la pena, que seguirá irremediablemente a la culpa, no tendrá que acusar a su padre.

—¿Qué dices, Luisita, de las cosas de tu papá? —dijo don Pedro en tono alegre, y tornando a golpear suavemente el hombro de la joven.

—Yo —contestó ella, que no había perdido ni una palabra del diálogo de los viejos, y entre risueña y cortada—, yo… ¿qué voy a decir?

—Pues algo: tú eres la más interesada en este asunto, o más bien eres el asunto mismo. Con que, ¿no dices nada?

—Si me obliga usted a hablar… —dijo—. Que papá debe tener mucha razón… Yo quisiera obedecerle… pero… pero…

—¿Pero qué, Luisita?

—¡Pero si amo tanto a Rodolfo!

—¡Eh, Juan, desbarátame ese argumento!

—Con él me ha vencido. ¡Que se case! Feliz conmigo, la he bendecido siempre; desgracias con mal marido, la bendeciré con más fervor y ternura.

* * *

Pocos días después Rodolfo y Luisa eran marido y mujer; eso sí, no sin que hubiesen precedido, a guisa de monitorias, chismes, comentarios picantes y revelaciones tontas de cosas ocurridas o por ocurrir. En nuestra tierra por maravilla se celebra un matrimonio en paz, sin que la maledicencia fecundice la imaginación y mueva la lengua de los noveleros y de los ociosos. La noche del enlace, lo menos la mitad de la población se agolpó en el templo para satisfacer la curiosidad bastante sosa de oír el sí de los novios; de ver qué traje llevaba la novia, con qué ojos la miraba el novio; y si se les trabó la lengua, y si les temblaron las manos, etc. En ese acto en voz baja, y fuera ya del templo con menos cautela, los mozos díscolos soltaron chistes colorados; y no faltaron muchachas de las que miran en el himeneo la dicha suprema de la vida, que sintiesen en el corazón las cosquillas de la envidia.

A casa de don Juan concurrieron numerosos convidados. Don Pedro estuvo hecho unas pascuas, y como se hallase en frac y las manos sin el recurso de los bolsillos, sus habituales escondites, las frotaciones y el triquitraque de los dedos eran de cada momento. También eran frecuentes sus visitas al fumadero y chupaba cigarros y los mascaba con más entusiasmo que de costumbre. Don Juan, obedeciendo a las exigencias de la urbanidad, escondía su pena en el fondo del pecho y se mostraba risueño, afable y comedido con todos. En cada en-

cuentro con su hermano recibía de lleno su chispeante mirada que parecía decirle: «mira, bobo, ¡qué bueno es todo esto!
¡Mira cómo empieza la aventura de Luisita!».

Y hubo piano, y se cantó y se bailó; y hubo mantel largo,
y floreros coronados de rosas y azucenas, y botellas limpias y
transparentes que provocaban, siquiera sea con lo verosímil
de los más exquisitos vinos, y copas y vasos que parecían de
agua cristalina solidificada; y docenas de níveas espermas en
sendos candelabros de retorcidos brazos, de los cuales pendían
bellísimos prismas que derramaban brillante luz que se mul-
tiplicaba en los cristales. Excusado es decir que los manjares
fueron selectos y la manera de servirlos por extremo correcta;
ni para qué decir tampoco que en eso de darle diente y de
besar la copa nadie se anduvo con melindres.

Llenos los vientres, calientes las cabezas, el buen humor
cien grados sobre cero y fáciles las lenguas, salieron a relucir
los afectos de los comensales para con los novios en forma de
elocuentes brindis. Quien suponga que el más ardoroso y fe-
cundo brindador fue don Pedro, dará en el clavo. Hasta lloró
de ternura y gozo cuando dijo que había cumplido el mayor
deseo de su vida al ver casados a Rodolfito y Luisita, a quienes
el destino había llamado a pasar la existencia nadando en la
riqueza, el boato y la felicidad. Rodolfo contestó que no era
otro su anhelo, sino labrar la ventura de su amada Luisa en el
mundo. Don Juan se animó a soltar su par de frases con cierta
intencioncilla que no se ocultó a pocos comensales; llenó,
pues, una copa, alzóla y dijo: «Un sacerdote en nombre de
Dios ha bendecido el enlace de mis hijos: ¡que esa bendición
sea eficaz para que Rodolfo y Luisa creen una familia cristiana
y sean dichosos no solo en este mundo!» Ahí fue, más que
el remate de los otros brindis, el golpear de los concurrentes
manos y mesa, el hacer chocar unos vasos con otros en señal
de fraternidad y el ¡bravo! ¡bravo! Y el ¡vivan los novios!
En seguida, y como forzados por la política, vinieron los pa-
gos de las muestras de atención recibida: «Señor don Fulano,
¡salud!» «¡Gracias!» «Señorita doña Mengana, ¡felicidad!»
y la dama, alzando la copa, daba gracias con una sonrisita.

149

«Don Perencejo, ¡los dos!» «¡Con mucho gusto!» «Zutanita, por eso que sabemos…» y la Zutanita, poniéndose colorada, llegaba la copa a los labios.

Al cabo dejaron todos sus asientos y volvieron al salón: iba la novia de bracero con el padrino, el novio con la madrina, y cada joven halló su pareja entre las jóvenes, y algún lerdo en buscar esta conveniencia, mal su grado consentía en que se le colgase del brazo la mamá de un amigo, obesa y **molondra**,[84] o alguna tía con más arrugas que una vejiga seca y tantas pretensiones de guapa como arrugas. Los novios después, asidos estrechamente del brazo y diciéndose dulzuras en voz muy baja, comenzaron a pasear a lo largo del salón, no sin dar con frecuencia con don Pedro, que se les hacía encontradizo para echarles algún piropo; algunos viejos, repantigados en los sofás, sentían los efectos de los manjares y el vino almacenados en el estómago, y cerraban los ojos bajo el peso de un torpe sueño; los mozos charlaban con las compañeras que habían traído del comedor, o formaban grupos de tres y cuatro en los ángulos de la pieza y discutían sobre literatura, política y otras cosas, según su inclinación y el estado de su cabeza; no faltaban quienes entrasen en explicaciones de antiguos enojos y se daban apretados abrazos en señal de cordial reconciliación o quienes por primera vez se amistaban, demostrando pena por no haberse conocido y tratado antes. Todo esto, ya se ve, debía ser eterno, según lo juraban y rejuraban…, a no venir el ambiente de un nuevo día a alumbrar bien las caras de todos y a disipar de cabezas y pechos los vapores del festín.

—Señores, es hora del café —dijo don Juan; y en seguida entraron cuatro pajes con grandes bandejas llenas de fina porcelana, y otros cuatro con azucareras de cristal y jarras de bruñido plaqué en que humeaban el oloroso líquido, la espumosa leche y el agua. Los caballeros pusieron las primeras tazas en manos de señoras y señoritas, después tomaron otras para sí, y los pajes sirvieron según el gusto de cada cual.

—Yo tomo café puro.

....................................

[84] De cabeza muy grande.

—Yo con leche.

—Yo con poco azúcar.

—A mí me gusta jarabe de café.

—Hombre, no sea usted bárbaro; si eso revuelve la bilis.

—¿No gusta usted echarle una puntita de cognac?

—No gracias.

—¿Y usted?

—Yo sí, pero no le ponga mucho; una cucharada y nada más.

—¿Y usted?

—Ni café, ni cognac, sino leche pura.

—¡José! Leche para este caballero.

—Señor don Juan, para mí solo un poco de agua caliente con un terroncito de azúcar.

—¿Nada más?

—Si usted es tan amable, agréguele una copita de uva.

—¡Ah! Usted es decidido por el gloriado.

—Cierto; si el gloriado es bebida deliciosa.

—¡Bah! Don Melitón, el gloriado es bueno solo por la mañana.

—¡Mariano!

—¡Patrón!

—Sirve agua caliente al señor don Melitón. Hace bien de pedir y tomar lo que más le agrada.

—¡Tolondrón del diantre! ¡Ya me bañaste y me quemaste!

—Pedro, si tú le diste el codazo al paje.

—¡Cáspita! —exclamó don Melitón, soltando la taza, que se hizo doce en el pavimento—. Este bruto me escaldó las manos.

—¡Si el patrón don Pedro…!

—¡Huuum! —murmuró este, y pensó con justicia que el bueno del paje le endosaba aquella palabrota.

Don Juan sonrió mirando a su hermano.

—¿Qué hay? ¿Qué pasa? ¿Qué hubo?

—Nada; no ha pasado nada —se apresuró a contestar don Juan a los curiosos, atraídos por la catástrofe.

—¡El digestivo! —exclamó en esto un alegre joven dando

151

palmadas al pianista—, ¡el digestivo! ¡Una polka!

Sonó el piano. Los concurrentes dispersos en el salón hicieron campo, y cuatro parejas se lanzaron a sacudirse en acompasados y armónicos movimientos.

—¿Ha visto usted cosa más fuera de tino —dijo una tía cariagria a otra tía **macuca**—,[85] que este baile hallándose una con el vientre lleno?

La observación fue justa, por vida de cuatro; aunque perdió la mitad de su mérito, por venir de parte de una señora relegada corroborada fue la observación: ¡qué mal lo hicieron esas parejas en la danza digestiva! **Terpsícore**[86] anduvo mezquina en conceder sus gracias a quienes acababan de honrar al dios de la gastronomía y del vino. Sea porque así lo comprendieron hasta los jóvenes más entusiastas, o por otros motivos, las cuatro parejas no tuvieron imitadores, y pronto quedaron tres, luego dos, por último una, y esta desapareció no bien avenida con el aislamiento, y sobre todo, porque calló el piano. Comenzaron a menudear los bostezos, iba asosándose la conversación, se consultaba muy a menudo los relojes y no faltaba mamá que arrellanada en su sillón y vencida del sueño, hacía con la cabeza señas afirmativas o negativas.

Al fin, unos apretando las manos a don Juan y a los novios, y otros furtivamente, los convidados iban poco a poco largándose del salón. Pasaban a la pieza donde habían depositado capas, sobretodos y sombreros. Parecía que manos habituadas a manejos políticos hubiesen entrado a ese aposento: ¡qué endiablado revoltillo! Cada uno tomó lo que pudo, y a este no le llegaba a la corva la capa de un **cuasililipudo**,[87] y

........................................

[85] Fornida, gruesa.

[86] «La que deleita con la danza», musa de la danza, el canto coral y la poesía ligera que acompaña los cantos. Las musas concedían a los humanos sus gracias en las artes de las cuales eran patronas.

[87] Adjetivo elaborado que trae a colación la baja estatura de los habitantes de Liliput, país de personas muy pequeñas que visitó Gulliver en sus famosos viajes. Claro está, es este un eufemismo utilizado por el narrador para darnos a entender que la capa pertenecía a una persona de muy baja estatura, pero a la que hubiese sido un insulto llamarle enano. Por tanto, se le da el apelativo de «casi liliputiense».

al otro le faltaban espaldas y brazos para un sobretodo como un **almofrej**,[88] y al de más allá le quedaba el sombrero como diadema de San Antonio: ni faltó **chapeo**[89] que tuvo treinta centímetros de copa y apareció de cuatro, gracias a las posaderas de algún paje que descansaron sobre él.

Los últimos en salir fueron los novios que, acompañados de don Juan y don Pedro, se encaminaron a la casa que Rodolfo había preparado para establecer su hogar.

\* \* \*

Al despedirse de los novios los dos hermanos a la puerta de la cámara nupcial, don Juan les dijo con voz conmovida:

—¡Hijos míos, Dios os bendiga! ¡Dios os colme de felicidad! —y ajustó la mano a Rodolfo y abrazó estrechamente a Luisa, que sintió caer sobre ella algunas lágrimas, mientras las suyas abundantes mojaban el pecho de su afligido papá.

—¡Eh, chiquillos! —exclamó don Pedro en tono jovial, ajustando a los dos en un solo abrazo—; ¡sed dichosos! ¡que la fortuna no deje de sonreíros nunca y viváis rodeados de bienestar y de placeres! Hasta mañana, y que ambos durmáis y soñéis cosas bonitas.

¡Bah! ¡Como si los dos hubiesen sido unos indiferentes o unos simplones para poder dormir bien la primera noche del matrimonio! Cuando uno no es un bendito, junto al ángel de las delicias que riega flores sobre el lecho de los recién casados y le rocía de esencia celestial, mira un fantasma medroso que se empeña en recoger esas flores y secar esa esencia: es el mal genio de la preocupación acerca de lo porvenir. El matrimonio ha abierto un abismo entre la vida de la libertad, de regocijo, vacía de temores y llena de esperanzas halagüeñas, que queda atrás, y la vida que empieza al influjo poderosote de un par de síes y la bendición que cae de la diestra del sacerdote como un fardo repleto de deberes muy serios, de verdades antes no co-

..............................

[88] Lienzo o lona que cubría la cama de camino.
[89] Sombrero.

nocidas, de amarguras no probadas por los corazones exentos de la coyunda nupcial. Frecuentemente hay amor en quienes se unen en matrimonio; a veces hay mucho y ardiente amor; ¿pero es grande, es cabal, la confianza que mutuamente se inspiran? ¿Quién no se ha preguntado con cierto triste recelo, al tiempo de unirse en los primeros días de la unión: qué ocultará el corazón de mi esposo, qué secreto esconderá el corazón de mi esposa? Este amor de ahora, ¿tendrá raíces profundas, o estará falsamente adherido solo a mi belleza, que se marchitará luego, a mi posición social, que depende de circunstancias que no son mías, o a mi riqueza, que puede desaparecer al golpe de un contratiempo? ¿Deberé confiar ciegamente? ¿Deberé desconfiar, aunque esto acibare la copa del placer que se me da hoy acercar a los labios? Y el presente fluctúa entre el pasado y el futuro, como ligera nube en la mitad del espacio, que impelida por el viento ha dejado muy lejos el Oriente, donde nació en hermosa mañana, por fuerza descenderá al ocaso a convertirse quizá en nubarrón de tempestad. Y el corazón tiene suspiros para los recuerdos dulcísimos del tiempo que fue, y estremecimientos cobardes para las incertidumbres del que va a venir, que comienza ya. Se piensa, se medita, se espera, se desea, se recela, se teme; la idea de que el ser moral de uno se compone ya de dos; las palpitaciones de otro corazón que hacen dúo con las del propio; la voluntad de un alma ayer ajena y que hoy viene a contrabalancear la del alma propia; los hijos que la imaginación se anticipa a crear y que se los ve entre los encantos de la paternidad y los temores de un sepulcro que va a tragarlos prematuramente; o, si no es esto, entre los resplandores de las virtudes a que los ha llevado la educación cristiana, y de los cuales muy luego los arrebata el viento nocivo de una civilización mal entendida y por entero mundana y material, para arrojarlos en el abismo tenebroso donde solo hay llanto y crujir de dientes. ¡Los hijos! y si ellos faltan, ¡qué silencio tan angustioso en el hogar! ¡Qué desierto del corazón, qué desabrimiento del alma! ¡Qué matrimonio tan sin objeto, tan inútil para los que le buscaron y para la sociedad, tan extraño a los fines que Dios se propuso cuando lo estableció!... Todo esto ¿es para que se pueda dormir bien la primera noche de nupcias, y ni aun otras noches, ni para que se pueda permanecer sosegado otras horas de silencio en que uno contempla su destino social y moral vuelto de abajo para arriba y de adentro para afuera? No, señor; y tengo para mí que si hay quien duerma tranquilo en tales condiciones, el tal es un tonto o, cuanto menos, se da al sueño como si lo fuese.

Rodolfo había invitado a su padre político, a don Pedro y algunos amigos a que el día siguiente almorzaran con él. Los dos hermanos concurrieron primero; sobraba el motivo, en especial para don Juan, que pasó la noche pensando en su hija y muy triste; parecíale que la tenía a cien leguas y que no la había visto en años. La halló un tanto pálida y con los ojos más lánguidos que de costumbre; al «Papacito, buenos días», que le dirigió abrazándole precedió una sonrisa en la cual don Juan creyó descubrir una mixtura de melancolía. Luego fijó en su esposo una mirada furtiva llena de pasión y pudor, cual si con ella quisiese decirle: «¡Ah! ¡qué sacrificio el que me debes!» Rodolfo estaba seductor, como para justificar la pasión que había infundido en su Luisa; pero en medio de su finísima urbanidad y del afecto que rebosaba su pecho para con don Juan y don Pedro, en el semblante mostraba también algo que era… así… como una preocupación, como el efecto de un temorcillo que le había mordido su poco el alma. Pues ¡claro está! Padeció insomnio, y durante él había meditado en el matrimonio con más ahínco que antes de llevarlo a término.

Mientras llegaban los demás convidados, Rodolfo y Luisa quisieron que su padre y su tío conocieran la casa que el previsivo y cuidadoso novio había preparado. En nada había lujo, pero en todo sobraba decencia y buen gusto. No quiero describir cuarto por cuarto ni mueble por mueble; porque, ¿cuál de mis lectores no conoce algunas casas en las que el buen juicio de sus dueños ha dado cabida al arte, no al **boato**[90], al aseo y la comodidad y no al capricho, a veces ridículo, de la moda? Sin embargo, haré una excepción con el dormitorio:

...........................

[90] Lujo excesivo, que se pregona mucho.

era espacioso, con el tapiz azul claro, el pavimento de **tripe**[91] color plomo, el lecho de cedro charolado y con cortinas blancas, un precioso velador de caoba con tablero de mármol gris, y colgadas de la pared, frente al lecho, dos lindas láminas de litografía en molduras doradas; la una representaba el Silencio, y era un genio con las alas plegadas y el dedo en los labios; la otra era el **Sueño:**[92] un niño dormido en tanto que Morfeo deshojaba sobre él flores de beleño.

Don Pedro estaba de triunfo, sacaba el pecho más de lo acostumbrado, levantaba la frente como para que todos la mirasen bien, fumaba con entusiasmo y echaba grandes bocanadas de humo, sin dejar en tanto de frotarse las manos, cuyo flojo y arrugado cutis había tomado el desvaído rojo de patas de paloma. Todo lo miraba con atención y lo celebraba en frases hiperbólicas haciendo notar a su hermano con cierta malicia que traducida en buenos términos decía: «Mira, zoquete, cuánto bueno; mira si yo no tenía razón en empeñarme en este matrimonio; mira si Luisita no será feliz». Don Juan asentía con moderación a las alabanzas incondicionales de don Pedro: «En verdad, decía, esto es bueno; estos muebles son muy decentes; aquí hay muy buen gusto; aquí se ha consultado perfectamente la comodidad; pero…»

—¡Ya sales, Juan, con tu pero!

Rodolfo y Luisa se habían alejado en ese momento; el papá de esta no temió ser escuchado por ellos y continuó a media voz:

—No hay cosa humana que no tenga su pero; mas en las de Rodolfo asoma como en ninguna cuando se las contempla con ojos cristianos; ¿no adviertes, Pedro, en todas estas bellezas y comodidades algo de pagano, por la ausencia de todo cuanto pudiera anunciar que sus dueños tienen creencias y

..............................

[91] Tejido parecido a la lana, utilizado principalmente para la confección de alfombras.

[92] Siguiendo la tradición griega, podemos decir que la personificación del sueño corresponde a Hypnos, hijo de la Noche. Vivía en una cueva oscura donde no entraba la luz del sol. De sus muchos hijos, los Oniros, nació Morfeo, quien ha pasado a la historia como el Dios de los Sueños.

costumbres religiosas?

La observación desconcertó no poco a don Pedro, que iba, sin embargo, a replicar; pero llegaron otros convidados, un paje anunció que el almuerzo estaba listo y Rodolfo invitó a todos con maneras muy cultas a que pasaran al comedor. La mesa fue digna del delicado y simpático anfitrión. Exquisitos manjares, vinos deliciosos, frescas flores que derramaban suave fragancia, conversación animada y chispeante ordenada por la más cumplida urbanidad… ¿qué más podía desearse para pasarlo muy bien las dos horas que duró el almuerzo? Don Pedro fue el único algo mortificado en todo él por el comején que le produjera la, para su juicio, impertinente censura de su hermano; con todo, no dejó de mostrarse jovial y decidor, y aun de echar su par de brindis en elogio de los novios. Se reservaba, eso sí, a entrar en explicaciones con don Juan por aquella bobería del paganismo de la casa de Rodolfo.

Se acabó el almuerzo, se fueron los convidados a su casa, los recién casados se quedaron en la suya, naturalmente: todo volvió al orden normal de la vida, o más bien para Rodolfo y Luisa, comenzaba ese orden. Solo don Pedro, bajo no sé qué pretexto, retardó la partida y, dando unos paseos en el salón, cuchicheó media hora con su nuevo sobrino, en cuyo brazo se apoyaba con la confianza que se había aumentado en virtud de los lazos de familia que acababan de unirlos.

—Hijo, mira —decía a Rodolfo con su poco de misterio—, es preciso evitar todo disgusto: algo de diplomacia, ¿eh? Me entiendes. El amor a tu Luisita lo requiere; y es también necesaria para clamar las aprensiones del bonazo de mi hermano.

—Sí, tío —contestaba Rodolfo—, es como dice usted; pero enmendemos la plana; ¡nada cuesta! Lo que deseo es tener contentos a mi Luisa y a su papá.

Don Juan y don Pedro veían todos los días, o más bien todas las noches, a Rodolfo y Luisa. Lo común era que todos se reuniesen en casa del primero, donde se entretenían en departir sobre varias materias y cenaban; pero se había establecido el tener tertulia los domingos en casa de los últimos.

157

Rodolfo gustaba de hablar de negocios, pues su ocupación era el comercio; don Juan le ayudaba con sus juiciosas reflexiones; mas prefería hablar de agricultura y cuando advertidamente o no, traía a sus discursos los nombres de Dios o la Providencia, su yerno sonreía con mal disimulada malicia y cierto airecillo de compasivo desdén, y daba presto otro giro a la conversación, a lo cual cooperaba don Pedro; su hermano no insistía, suspiraba y dejábase llevar de los dos. Rodolfo, eso sí, se cuidaba de no soltar una frase que pudiese escandalizar a nadie, y, por el contrario no dejaba pasar ocasión oportuna sin dar a entender que era tolerante, y que le placía mucho que cada cual pensase, creyese y practicase su creencia con entera libertad. Luisa buscaba modo de que en la tertulia se hallaran unas dos o tres amigas de confianza con quienes pudiera conversar de cosas mujeriles o domésticas, y tocaba el piano y cantaba, y así prohibía al demonio del aburrimiento que la invadiese el ánimo y a los bostezos que viniesen a abrirle la boca y a dañarle la belleza del rostro. Una de las peores fealdades de la cara humana es el hueco enorme y oscuro que el bostezo abre en ella, y hacen bien, las mujeres sobre todo, de taparlo con el pañuelo o siquiera con la mano. Cuéntase que una muchacha bonita perdió su novio a causa de un descomunal bostezo que le asustó.

Un día, pocas semanas después del almuerzo en casa de Rodolfo, don Pedro se valió del pretexto que se le ocurrió para llevar a ella temprano a don Juan.

—¿Y Luisita?

—La señora —contestó el paje—, está haciendo no sé qué arreglo en el dormitorio.

—Bien —replicó don Pedro—; vamos a sorprenderla.

Y seguido de su hermano se metió al aposento. Luisita se ocupaba en contemplar atentamente algo en la mitad de una de las paredes: allí pendían, en sustitución de las litografías del Sueño y el Silencio, un bellísimo cuadro de la Virgen y un no menos hermoso crucifijo. Veíase al pie de este un magnífico reclinatorio con cojines de terciopelo azul.

—Como que rezabas, Luisita.

—No, tío, me hallaba embelesada delante de estas lindas imágenes que ayer me trajo Rodolfo.

—¡Rodolfo! —exclamó don Pedro fingiendo asombro; y volviéndose a don Juan le dijo con los ojos con más claridad que si lo expresase con la lengua: «¡Mira las cosas que hace el pagano de tu yerno!»

—Efectivamente —dijo el papá de Luisa, que había comprendido el lenguaje ocular de su hermano—, estas efigies son preciosas e infunden devoción.

—Imagine usted, papá, lo contenta que estaré y cuánto habré agradecido a Rodolfo.

—La mitad de tu agradecimiento tiene en conciencia que dividir tu marido con tu tío Pedro —replicó el viejo con sonrisa maliciosa y mirando fijamente al otro.

—¿Sí, papá? ¿Con que mi querido tío Perico ha contribuido…?

—En nada, hijita, en nada —se apresuró a decir don Pedro, sin poder ocultar que la pulla de su hermano le había amostazado su poquillo—. El mérito del regalo —añadió—, y de haber cristianizado esta casa es todo de Rodolfito. ¡Qué! Si no se ha visto joven más para todo. ¡Cómo las entiende! Al fin, hermano, verás cómo Luisita le hace postrarse de rodillas en este reclinatorio, y rezar y golpearse el pecho.

—No me gustaría.

—¡Juan!

—Como acabas de oírme.

—¡Qué cosas las tuyas! No seas bobo.

—¡Oye, pobre loco!: si Luisa consiguiera hacer el milagro, o más bien si lo alcanzara del cielo, de convertir a su marido en un buen cristiano, santa y laudable cosa que se postrase, que rezara, que se diera golpes en el pecho; pero si hiciese todo esto por dar gusto a su mujer, no haría sino cargarse de una culpa más ante Dios y de una ridiculez ante los hombres. Menos malo que ser hipócrita es ser consecuente en el error. Estoy satisfecho de que Rodolfo haya dado a mi hija el contento de obsequiarla con las imágenes de Jesús y María y con un reclinatorio; pero si yo le viera santiguarse y hacerse el que ora, mientras interiormente se está burlando de la creencia en Dios y rindiendo impío culto a la materia, a fe que sería capaz de darle bofetadas y escupirle.

—¡Pero, Juan, no te exaltes!

—¡Pero, papá!...

—¡Exaltarme! No, Pedro; no, mi hija. Solo expreso mi sentir... así, así... con esa manera franca y algo caliente que me es genial...

Don Pedro, después del ¡huuum! que le arrancaban siempre las cosas que no eran de su agrado y no podía contradecir, encendió un habano que comenzó a chupar y mascar alternativamente, y enfundó las manos en los bolsillos. La ocasión no era para frotárselas como otras veces. Don Juan, entretanto, se había acercado a una consola, y recorría los títulos de unos lindos volúmenes enfilados en ella. Luisa, al observarlo, le dijo tímidamente:

—Son unas obritas morales y de religión que esta mañana me trajo Rodolfo.

—¿Sí, mi hija? —contestó el viejo trashojando uno de los libros—. Bien... muy bien... esto es precioso... y muy útil para ti. Te felicito por este regalo como por el de las imágenes. Es indudable que tu marido te quiere mucho.

—Cada día me da mayores muestras de ello.

—Sí, mi hija: esas muestras están patentes.

Don pedro sin quitarse el cigarro de la boca y sacando una sola mano del bolsillo, se había inclinado también sobre una consola y pasaba rápidamente las hojas ya de un libro, ya de otro, buscando estampas y sin leer nada.

—¡Oh! —dijo como hablando solo para sí—, ¡qué belleza! ¡Qué ricura! —y se animó a añadir con bastante sorna, mirando de reojo a don Juan—. El descreído de tu yerno sabe hacer cosas de todo un creyente.

—En efecto, siquiera sea solo para su esposa, que lo es. Te repito que estoy satisfecho de que Rodolfo no solamente sea respetuoso para con la fe y las virtudes de Luisa, sino que hasta le proporcione objetos de devoción y buenos libros; todo esto tiene su mérito y está diciendo que Rodolfo no es un joven vulgar.

—¡Bah! ¿no te lo he dicho yo mil veces?

—Cierto. Es una lástima que… En fin, algo es algo. Espero que así continuará…

—No lo dudes; así, y aun mejor que mejor cada día.

—Hasta aquí el materialismo de mi hijo político no parece que no perjudicara sino a este desdichado; a menos que el perjuicio de sí propio llegue a tal punto, que rebose y se derrame sobre Luisa. ¿Qué difícil es que sobrevenga ese triste caso? Los elementos malos que luchan contra los buenos en el corazón del hombre no son estériles, y menos para quien no vive íntimamente unido a él.

—Luisita es invulnerable.

—Para el influjo del error y del vicio, quizás lo sea; más para el pesar, no lo creas, mi querido Pedro. Contra los primeros, mi hija puede vivir apercibida; contra el último, no cabe sino que desde ahora vaya haciendo un gran acopio de resignación. ¡Pobrecita! ¡Cuántas amarguras le esperan junto a un marido que hundido en las absurdidades de las negaciones impías no podrá tener valor contra las adversidades, ni medios de alejar de ellas a su esposa y a sus hijos, si llega a tenerlos!

—¡Dale que le das, bobón! ¿No has de poder sacudirte de esas ideas tenebrosas? Calla, a lo menos para que no te oiga Luisita, a quien pudieras causar mucho daño.

—¿Daño a Luisita con mis ideas? Si los gérmenes del daño, mi Pedro, ya están en el campo de su vida sembrados por ella misma, y no falta sino la ocasión para que los desarrolle.

En seguida don Juan puso en orden todos los libros y, volviéndose a su hija que se le acercaba, le tomó las manos y acariciándoselas le dijo con jovialidad:

—Señorita, o más bien señora, puesto que ya esta usted enmaridada, todo está muy bueno y yo muy complacido. Rodolfo es un buen muchacho, honrado, prudente y caballeroso. Siento —añadió sonriéndose—, no poder redondear el elogio dándole también el calificativo de buen católico; ya sabes, mi hija, que yo no sé decir lo que no siento ni andarme en circunloquios.

Luisa miró a su padre con ojos amabilísimos, en el fondo de los cuales el observador menos lince pudo haber descubierto que se movían sombras de pena: ¡don Juan no había podido hacer de Rodolfo un cumplido elogio! ¡Y ella comprendía muy bien que su idolatrado Rodolfo tenía la culpa para esto! Estaba cumpliéndose incontinenti parte de aquello que pocos minutos antes decía el sesudo de don Juan al superficial don Pedro: para el pesar no hay corazón invulnerable, y no cabe otra cosa sino que uno se provea de gran acopio de resignación. No podían faltar a la dicha de Luisa manchas ocasionadas por el mismo que se la daba. Y era por el pronto... ¡Después!...

A la mirada de la hija contestó el padre con otra también llena de ternura; y, como para atenuar el triste efecto que en Luisa había causado la declaración de don Juan de no poder hacer de Rodolfo toda la alabanza que ella deseaba, el viejo continuó:

—Yo aprecio mucho el respeto de tu marido a tu fe y conciencia, y su mérito en esto sobresale tanto más, cuanto era de temerse que se propusiera seguir el ejemplo de cierto amigo suyo, que se empeña en amoldar en un todo las ideas de su mujer a las propias, tan erróneas y absurdas como las de Rodolfo.

—¿Alude usted, papá, a Miglerio?

—Efectivamente.

—¡Oh! ¡Ese hombre es un bárbaro con su esposa!

—Algo más que bárbaro, hija mía: es un infame que tortura el alma de la infeliz Clemira.

—Para que usted complete la favorable idea que le merece Rodolfo —agregó Luisa con viveza—, le contaré, papacito, que cuando recuerda la conducta de Miglerio, lo hace con indignación.

—¿Verdad, hija mía? Pues crece mi esperanza de que el santuario de tu conciencia no será profanado... ¡Miglerio!... ¡qué hombre!... Yo sé tantas cosas de él, y aun le he oído discurrir sobre puntos de filosofía y religión. Para él todo es materia; el universo es obra de sí mismo; no hay alma, no hay espiritualidad en nada; hasta las ideas son emanaciones del organismo material, y nada más; brotan del cerebro como las hojas brotan de su rama, etc. Y a estos absurdos y a otros que son sus consecuencias quiere arrastrar a Clemira. Esta es cristiana y aun piadosa, como eres tú y como son generalmente nuestras mujeres; pero Miglerio, sin conseguir, según presumo, arrancarle ni lo más mínimo de su fe y sentimientos religiosos, le ha prohibido en modo absoluto que concurra a la iglesia, que converse con sacerdotes ni personas devotas, que tenga o lea libros que hablen de Dios y de los santos, siquiera sea como obras de arte. ¡Qué situación tan horrible para esa desventurada mujer! Ella aferrada a su Dios, y su esposo tirándola violentamente para arrancarla de Él; ella sintiéndose con alma, y Miglerio atormentándola para que renuncie a ese sentimiento; ella aspirando a lo espiritual e infinito, y él pugnando con todas sus fuerzas por clavarla en el barro del mundo.

—Juan, hombre, tienes razón: ese tal Miglerio, que piensa que las ideas son rocalla y los afectos figuras de palo, es algo más que un bárbaro, es un inf…

La súbita aparición de Rodolfo cortó la palabra en los labios de don Pedro.

—¡Mi papá y mi tío por aquí! —exclamó el joven con muestras de alegría—. Pero Luisita, ¿por qué los has recibido en el dormitorio y no en el salón?

—Vinieron… entraron… —murmuró Luisa algo turbada, pero contenta.

—Nos hemos colado en el *sancta sanctorum*[93] de tu casa —se apresuró a decir el suegro para sacar del apurillo a la joven—, porque aquí y no en el salón teníamos que ver las bellísimas efigies que has regalado a Luisa.

...........................

[93] «El lugar más sagrado de los sagrados». Antiguamente, se conocía así a cierto espacio dentro del Templo de Jerusalén, que era el lugar más santo. Este espacio era, entonces, el más santo dentro de los santos, un lugar a donde tenían acceso solo ciertos sacerdotes para realizar sacrificios u ofrendas especiales. Al referirse con estas palabras, el narrador nos da a entender que el lugar más privado y más sagrado de un hogar es la habitación matrimonial.

—¡Ah! Ya ya. ¿Le parecen a usted bien esas obras artísticas con que he adornado el dormitorio?

—Ya me has oído: me parecen bellísimas, y además de obras de arte, son…

—Son devotas y excelentes para mi Luisa.

—Y para cualquier cristiano.

—Ya lo creo. Pero las he puesto ahí exclusivamente para Lusita. Le gusta tanto creer y rezar. Hace bien.

—Hace perfectamente.

—Sobre todo, eso no se opone a que uno haga buenos negocios y haga dinero.

—No cabe duda.

—Y a que nos amemos mucho Luisita y yo, y nos pasemos buena en este mundo.

Omitimos el resto de la conversación, en la que terciaron poco don Pedro y Luisa, porque no interesaría a los lectores. Todo fue cosa de negocios por activa y negocios por pasiva, pues Rodolfo se hallaba metido en ellos hasta las cachas. Solo añadiremos que don Juan aconsejó a su yerno que no fuese por extremo atrevido en sus operaciones mercantiles, pues la falta de prudencia suele traer fracasos irreparables. De cien negocios audaces, noventa por lo menos abren abismos en que se hunden las riquezas, en vez de llevar montañas de oro, y frecuentemente el hundimiento se verifica, inclusive la honra y aun la vida del negociante.

El pensamiento dominante de Rodolfo, su magna aspiración, era el de ser muy rico para llenar holgadamente las necesidades suyas y de su familia, y si hubiese superávit, gastarlo a mano abierta aun en lo innecesario. Y quería enriquecerse pronto a fin de tener el mayor número posible de años repletos de oro y ventura.

—¿En qué está la gracia —solía decir—, de trabajar veinte o treinta años para no gozar si no diez? Debe ser lo contrario, esto es, trabajar diez, para descansar y gozar treinta.

Faltaban dos o tres días para el aniversario del matrimonio, y tan bien les había ido a Rodolfo y Luisa que resolvieron festejar el remate de esas doce lunas de miel con una gira campestre con don Juan, don Pedro y con unos pocos amigos y amigas de confianza, en una preciosa quinta que poseían.

Para que la ventura fuese completa, hacía tres meses que en figura de serafín había venido a regocijar a los dos esposos un Rodolfito. ¡Qué criatura! Repito que era un serafín y todo queda dicho en su elogio.

Además, Rodolfo deseaba celebrar a priori un gran triunfo mercantil. Se le presentó un negocio que podía duplicar de golpe sus bienes de fortuna. La operación era atrevida; pero, ¿qué a él esta condición? Sobrábale audacia; y luego había meditado lo bastante y puesto los medios que creía necesarios para asegurar el buen éxito. Don Juan, sin embargo, entró en recelos y aconsejó a su yerno que no se expusiese a una pérdida gravísima por adquirir de sobresalto una riqueza que valía más buscarla de poco en poco, pero con seguridad. Nada oyó Rodolfo, pues mayor confianza le inspiraban sus propios cálculos y combinaciones que los ajenos. El capital que empleaba en sus transacciones comerciales era principalmente su crédito, que había llegado a ser bien conocido y apreciado en muchas casas europeas. Solicitó de los principales de estas y logró sin dificultad que le prolongasen los plazos, y el caudal destinado a cancelar sus obligaciones lo fue depositando en un banco riquísimo y de honradez conocida. Muy pronto con ese dinero debía rematar un negocio celebrado con una casa en liquidación, y en el cual con toda certeza le quedaría una ganancia del cincuenta por ciento.

Rodolfo esperaba de un día a otro que le comunicaran de París la finalización de las cuentas de la casa que cesaba y el pago hecho por las mercaderías negociadas con el caudal depositado en el Banco. Algo inquieto estaba pasándolo, mas no porque temiese algún mal resultado, sino porque, para la vehemencia de su genio, tardaba más de lo necesario la feliz coronación del negocio. Aun no había telégrafo en nuestra República, y era preciso aguardar, para saber noticias del Viejo Mundo, la llegada de los vapores.

Rodolfo y Luisa se habían adelantado a la quinta para preparar la recepción de don Juan, don Pedro y los demás invitados del modo más conveniente. Eran los dos tan expeditos, que cuando querían se tornaban en buenos quinteros y hacían vida campestre con todo cuanto es menester para no echar de menos las comodidades de la ciudad. Componíase la posesión de una casita blanca cubierta de planchas de zinc y rodeada de naranjos y palmeras; el terreno, de insensible declivio, hallaba límite por delante y a corto trecho en las puras y dormidas aguas de un río, en cuyo fondo se veía un cielo desavahado casi por completo, pues apenas cruzaban su azul pálido breves listones de candidísimas nubes. Solo de cuando en cuando temblaba esta imagen del espacio sin fin con los **retículos**[94] concéntricos que algún pececito hacía al asomar en la superficie del agua la cabeza plateada y brillante. Detrás de la casita apanzábase a descubrir entre las hojas de verde-amarillo de los cañaverales las techumbres de otras quintas y haciendas, las copas de otros naranjos y palmas, y las de algunos tamarindos cuyo color oscuro contrastaba vigorosamente con el de aquellas. Allá muy lejos, tras atmósfera vaporosa, divisábanse las azuladas cumbres de los Andes que titilaban heridas por el sol de la mañana.

Rodolfo se había puesto bajo los naranjos a esperar a su suegro y a don Pedro; a poco se le juntó Luisa, vestida de blanca y ligera tela y con el cabello recogido hacia atrás con aquella falta de arte que a veces hermosea a la mujer más que el arte. Traía en brazos a su hijito, Rodolfo los recibió radiante de contento, besó la frente de su esposa y le arrebató al chico en son de festivo robo:

—¡Dámelo, devuélvemelo! —decía Luisa; y él, sujetándole por bajo los bracitos le alzaba a la altura de la cabeza y daba vueltas para no dárselo. El niño sonreía y gorjeaba, meneando los sonrosados piececitos, y los padres sentían rebosar su corazón en aquella delicia que… ¡solo siente el corazón de los padres!

No tardaron mucho en llegar don Juan y su hermano. La salutación fue afectuosa y cordial.

..............................

[94] Varias líneas cruzadas que forman una especie de red.

—¡Oh! —exclamó don Pedro—, esta es la morada de la felicidad, y la felicidad son ustedes. Juan ¿qué te parece?

Y el tono y el gesto del viejo eran los de siempre, cuando quería hacer notar a su hermano lo admirablemente que lo pasaban Rodolfo y su esposa, y la razón que había tenido para empeñarse en que se casaran.

—Me parece —contestó don Juan—, que estás en lo justo.

—Este es el paraíso.

—Efectivamente. Ojalá fuese un paraíso sin serpientes.

—No las hay —dijo Rodolfo que entendió demasiado materialmente a su suegro—; y si alguna vez asoma la tal culebra, paga al punto con la vida el atrevimiento de haberse metido aquí.

Don Juan sonrió, como otras veces, con cierta melancolía. Se había dicho interiormente: «En el pecho de mi yerno, que es un paraíso, no falta nunca una víbora: ¡qué lástima!». No podía cambiarse ni modificarse jamás la idea que de Rodolfo tenía su suegro.

Este sospechó que su frase figurativa y su sonrisa habían sido significativas, en lo cual no estaba en lo cierto, pues nadie en esos momentos de grata expansión se hallaba capaz de entender indirectas. Con todo, quiso disimular su imprudencia con quitarle el nietecito a Rodolfo y dirigirle, una vez en sus brazos, palabras de paternal afecto, como si pudiese entenderlas, y echarle un par de besos en la cabeza apenas vestida de sedeño y dorado vello.

—¡Lindo mío! —repetía—. ¡Amor mío! ¡Ángel mío!

¡Fuich! ¡Picarillo! ¡Picarón! —decía también don Pedro, frotando repetidas veces delante del niño las yemas del pulgar y el cordial, de manera que este golpeaba sonando la base del otro; y luego con la punta del índice le sacudió dos veces el labio inferior que quedó breve rato sobresaliente del compañero, como una hoja de rosa por fuerza despegada del botón. El chiquitín hizo un gesto, pues no debió gustarle el cariño del tío abuelo con su dedo impregnado de tabaco.

Los otros convidados iban llegando, y pronto se hallaron todos en el comedor, pues eran las once, el caldo vaporeaba en la mesa y el apetito les reclamaba con elocuencia irresistible.

La pieza en que siempre se comía era bien situada y bella, y a la sazón el buen gusto de Luisa la había mejorado mucho. Daba frente al río y la testera se componía de bastidores de vidrios movibles que, especialmente en las horas de calor, se los quitaba para dar libre entrada a las brisas cargadas de aromas de azahar. De las paredes, forradas de alegre tapiz de paisaje, pendían, encajadas en dorados marcos, hermosas estampas que representaban liebres y perdices víctimas de la caza, fuentes de viandas provocativas, frutas en cestillos, botellas de vino a medio vaciar, copas y vasos llenos o por llenar, etcétera. De la base de la artística lámpara que pendía del centro del cielo blanquísimo de la pieza arrancaban cuatro columpios de festones que remataban en los ángulos de esta; en la mesa, floreros con ramos de naranjo cuajados de azahares y con jazmines del Cabo, y otras flores hijas del clima caliente; en bandejas de cristal y sobre lechos de tersas hojas, naranjas, melones de olor y diez golosinas más, de esas que

*Del Olimpo el monarca en su boato*
*no probó nunca…*

No hay que añadir que los platos, desde el caldo hasta las rebanadas de suculento lomo de ternera, desde la fresca ostra hasta el picante chupé, todo estuvo exquisito; y miren ustedes que así estuvo sin que Rodolfo, o más bien Luisa fue quien únicamente se entendió en hacer preparar el almuerzo, hubiese tenido que acudir a las porquerías que la moda nos trae del extranjero y que muchos gustan de ellas porque el extranjero nos las envía en tarros de lata con bonitos rótulos. ¡Hasta dónde llega nuestro necio capricho!

Los anfitriones hicieron cumplidamente los honores de la mesa; y luego se charló con decencia, no se brindó, nadie sintió levantarse en su pecho ni la más ligera nubecilla de disgusto, abundaron las pullas delicadas y hubo sonrisas, risas, bravos parloteos. Por último, a invitación de Rodolfo, se tomó el café a la orilla del río y bajo el pabellón que formaban las ramas de varios limoneros y tamarindos agrupados en torno de una palmera de pocos años que tendía sobre ellos sus múltiples brazos, como para protegerlos.

En seguida, los hombres prendieron sus cigarros y diéronse a discurrir sobre negocios, y las mujeres buscaron diversión en pillar pececitos, o se recreaban sin daño de ellos viendo el afán con que acudían a devorar las migas de pan y los pedacillos de plátanos que les arrojaban. Vueltos a la casa todos, sonó el piano dócil a los dedos de una señorita que se enorgullecía de que la llamasen artista; a competir con las melodías del instrumento salió su voz argentina, dulce y armoniosa, y la animación de los concurrentes subía de punto.

Mas cuando menos se piensa suele caer una mosca en el vaso de exquisito vino que uno está apurando; o suele abrirse de súbito la ventana dando paso a una ráfaga de viento que apaga la luz con cuyo auxilio leíamos un encantador poema; o suele arrancarse una cuerda de violín con que algún **Paganini**[95] nos sacudía gratamente el alma. ¿Quién cuenta con la inviolabilidad de los placeres de esta vida, cualesquiera que sean? Gozamos de ellos mientras están visibles el disgusto o el pesar que entre ellos mismos están mezclados o los siguen de cerca: mientras la mosca no ensucia el vaso, el viento no mata la luz o un impulso desconocido no rompe la cuerda. La mosca, la ráfaga, el impulso acudieron a hacer cesar la alegría del corazón de Rodolfo presentándosele en figura de un paje que le traía la correspondencia del correo. Sin saber por qué, se estremeció al verle.

Pidió permiso a amigas y amigos, se acercó a una consola, puso en ella periódicos y cartas y comenzó a recorrerlos. Abrió estas despedazando con mano temblorosa los sobres y las leyó con rapidez; hizo un gesto de disgusto que no pasó desadvertido para algunos de los concurrentes, y buscó algo

....................................

[95] Músico y compositor genovés (1782-1840) es considerado como uno de los más grandes violinistas de todos los tiempos por sus técnicas con el instrumento. Era capaz de tocar con una sola cuerda del violín, produciendo música incomparable.

que le faltaba volviendo y revolviendo los paquetes impresos. Salió a la puerta del salón, llamó al paje y le dijo en voz agria.

—Has perdido una carta.

—No, señor.

—¡Si me falta una!

—¡No la habrá traído el correo!

—¡Imposible!

—Lo que es imposible, señor, es que se hubiese perdido al traerla: todas han venido en un saco muy seguro.

—Pues no te la dieron en el correo. Ve a reclamarla: ¡vuela!

Volvió Rodolfo a la consola, rompió las fajas de los periódicos y los recorrió en la parte noticiosa. Prefirió los franceses, y en uno de ellos se detuvo, clavándole largo rato la mirada con espanto. Un suelto decía: «Susurra a última hora que a consecuencia de errores graves cometidos en varias operaciones por el Banco P…, se ha puesto en inminente peligro de quiebra. Si esta sobreviene, las consecuencias serán terribles para muchos capitalistas y para infinidad de comerciantes». Cayó el papel de las manos de Rodolfo que, pálido y descompuesto, permaneció largo espacio inmóvil y silencioso. Lo advirtió Luisa y, no menos desazonada, se le acercó y preguntó:

—¿Qué sucede, Rodolfo?

—Nada —contestó este con sequedad y sin mirarla.

Primera vez que Luisa escuchaba de su esposo una palabra de sonido ingrato y sin el acompañamiento de una mirada amable. Primera gota de acíbar que caía en la nectárea copa de su ventura conyugal.

—Con que ¿qué tenemos por el Viejo Mundo? —interrogó don Pedro, poniéndose delante de Rodolfo y frotándose las manos como si las estuviese lavando.

—No hay cosa de interés.

—¿Noticias?… —dijo don Juan mirando fijamente a su yerno, cual si quisiera leer en su semblante lo que acababa de ver en el periódico.

—Sí, noticias —balbuceó Rodolfo, esquivando la mirada del suegro y dándose por lo mismo ocasión a mayor sospecha de que pasaba algo malo.

Pero Rodolfo comprendió que su turbación le delataba, hizo un gran esfuerzo de voluntad, arrinconó los periódicos tras unos floreros que adornaban la consola y se mezcló entre sus amigos agrupados junto al piano, exclamando:

—¡Bien, muy bien! Esto se llama ser artista.

La joven, que en ese momento finalizaba un trozo de la **Lucía de Lamermour**,[96] dio a Rodolfo las gracias con un par de vistazos rielantes de satisfacción y orgullo.

Sonó en general un palmoteo acompañado de mil vivas y bravos, incluso de los de Rodolfo, cuyo fingido buen humor no a todos engañaba.

Menos podía Luisa disimular el mal efecto que le causaban el desabrido «nada» y el gesto de su esposo.

Para don Juan estaba casi descubierto el misterio del cambio de ánimo de Rodolfo: «Ha ocurrido algún fracaso en sus negocios» decía para su sayo, «a causa de sus precipitaciones e imprudencias, por mí tan reprobadas».

Una vez que su yerno dejó el salón, se acercó disimuladamente a la consola, tomó el periódico que había temblado en manos de Rodolfo y le recorrió con rapidez; dio con el alarmante suelto, se quedó pensativo unos segundos, dobló y puso el papel en el punto de donde lo tomó, y comenzó a dar cabizbajo pausadas vueltas por el salón. ¿Qué pensaba el severo anciano? Es fácil colegirlo: el infortunio que amenazaba a Rodolfo y Luisa era terrible, y Rodolfo no estaba preparado para recibirlo y soportarlo; los materialistas y ateos jamás lo están. La resignación a la voluntad divina es el mejor confortativo del alma contra la desgracia, y ellos no pueden tenerla; la nobleza del sufrimientos les es desconocida; la grandeza de sobreponerse con serenidad a todos los contratiempos y todos los dolores es solo de los corazones adiamantados por la fe; las miserias de la vida en el mundo no se rinden sino a los pies de la verdadera virtud que no pierde de vista la existencia de la eternidad. Estas cosas revolvía en su mente don Juan, y luego como consecuencia de sus ideas venía el preguntarse: «¿De

..............................

[96] Ópera de Gaetano Donizeti, basada en una novela de sir Walter Scott.

qué manera podrá salvarse Rodolfo del golpe que le amaga? Y Luisa, y Pedro, y yo ¿qué haremos para alentarle, y librarle y ponerle en camino de una rehabilitación moral y material? ¡Dónde están para ello los razonamientos, si nosotros los tenemos solo cristianos e irán a estrellarse contra la roca de su materialismo?...»

La nueva presencia de Rodolfo sacó a don Juan de sus cogitaciones.

—¿Esperas —le preguntó— que el paje vuelva con la carta que le mandaste buscar?

—Ojalá volviese pronto.

—Es difícil: mira que hay tierra de aquí a la ciudad.

—Efectivamente; y yo quisiera…

—¿Ver pronto esa carta?

—Sí, y para ello irme personalmente a la ciudad.

—Presumo que esa carta es muy importante.

—Importantísima: es la de mi agente en París, y el no tenerla… me inquieta… ¡verdaderamente me inquieta!

—¿Aguardabas sin duda que tu comisionado te dijese algo del curso que va tomando tu gran negocio?

—Efectivamente.

—No te preocupes, Rodolfo —contestó don Juan después de un breve rato de silencio—; la carta vendrá, si no hay otro correo, y tendrás buenas noticias.

—¡Buenas noticias! —repitió el joven con visible disgusto.

—Y si no lo son —repuso don Juan—, ¡paciencia!

—¡Paciencia! —repitió también su yerno, y añadió sonriendo tristemente: —Usted sabe que la paciencia no es elemento de mi carácter: soy por extremo vehemente.

—Y esa vehemencia te perjudica, hijo mío; a causa de ella te embarcaste en un negocio peligroso, desoyendo mis consejos… Como quiera que sea, la falta de una carta y la sospecha de una mala noticia no son para que un joven valeroso como tú y de pecho noble y lleno de aspiraciones se ponga inquieto ni se aflija. Si viene una desgracia, se lucha, se la vence, y ¡adelante! ¿Qué sacarías de no obrar de este modo? ¿No sería vergonzoso que te dejaras aplastar por ella?

Por lo visto, don Juan empezaba ya a obrar del modo que juzgaba conveniente para salvar a su yerno. Este balbuceó, desviando la vista de la del viejo, como si temiera que por los ojos le alcanzase a ver el alma:

—¡Oh!... pero cuando la desgracia viene... no solo contra los bienes de fortuna... sino también... contra el honor...

Unos amigos, que se acercaron departiendo calmadamente sobre no sé qué asunto, interrumpieron la conversación de don Juan y Rodolfo.

La alegría había disminuido de manera notable, la animación era ya casi ninguna; en vano Rodolfo, Luisa, y don Pedro trataron de restablecerlas. Sus esfuerzos no tuvieron eficacia, porque carecían de espontaneidad, porque contrastaban con el estado anormal del ánimo de Rodolfo y Luisa pintado en sus semblantes y manifiesto en la tibieza de sus palabras. En don Pedro se concibe que hubiese sido sincero el deseo de dar calor a los pechos de los concurrentes y avivar la diversión; pero los dos jóvenes mentían por urbanidad como acontece con frecuencia, cuando mostraban ese deseo: ambos ansiaban, sobre todo Rodolfo, por volverse a la ciudad, por quedarse solos en su casa y entregarse libremente a sus pensamientos y desazones. Los pesares y las inquietudes íntimas le impelen a uno al retraimiento y hasta a la misantropía.

La tarde había comenzado: el cielo iba tiñéndose, hacia el occidente, de un amarillo anaranjado que hacía resaltar los grupos aislados de nubes pardas con orillas de bronce derretido; la sombra de las casas y los árboles se tendía y se prolongaba como retazos desiguales de obscuro tul que una invisible máquina fuese desarrollando lentamente al lado opuesto del camino que seguía el sol en su descenso.

Señoras y caballeros se despedían de los dueños de casa, montaban a caballo y partían. Los quitasoles asombraban algunas cabezas, otras sobre los faldudos sombreros que las cubrían llevaban tendidos blancos pañuelos, y no pocas recibían sin precaución alguna los rayos del astro de fuego.

—¡Qué pronto nos dejan ustedes! —decían los labios de Rodolfo y Luisa; mas sus corazones repetían: —¡Lárguense!

¡Lárguense ustedes pronto!

Falsedad hija solo de las circunstancias, no de la voluntad de quienes la empleaban. Como la sociedad humana vive encerrada en una red de aquellos accidentes, unas veces conocidos de antemano y otras que se presentan inopinadamente, las falsedades ¡ay! ¡cuántos abundan!...

Los últimos en dejar la quinta fueron sus dueños, y don Juan y don Pedro, todos juntos. No atravesaron entre ellos, durante el camino, ni una sola palabra.

\* \* \*

Dentro de diez días debía llegar la correspondencia de Europa, y esperaba Rodolfo que no faltaría la carta de su corresponsal. Esos días fueron para él, Luisa y don Juan, angustiosísimos; y hasta don Pedro, que nunca veía sino la superficie de las cosas, estaba preocupado, e inconscientemente gastaba el doble de cigarros que de ordinario, paseaba más y con mayor precipitación, y no se frotó las manos ni una sola vez.

Rodolfo había palidecido; tenía manchas amoratadas en torno de los ojos; el sueño no acudía a dar alivio a su ánimo, el apetito no se le despertaba ni ante los manjares que le habían sido más gratos; hablaba poquísimo y sus miradas eran vagas, inquietas y sombrías; pasaba la mayor parte de las horas encerrado en su escritorio, y su almacén corría al cuidado de solo sus dependientes.

Luisa agonizaba; parecía haberse contagiado de la palidez de su esposo, en quien ni para ella ni para su hijito había una mirada amable, una sonrisa cariñosa, una palabra animadora o que siquiera denotase que en el corazón del joven aún ardía el antiguo efecto que les había consagrado. La infeliz Luisa lloraba mucho y rezaba más; pero sus oraciones eran solo palabras, porque la imaginación excitada y revuelta por tan anormal situación, dejando libre la lengua, traqueaba y desordenaba los pensamientos en un círculo vicioso, en el cual no daban con Dios ni con la intercesión de los santos, sino solo con Rodolfo y su desgracia, con Rodolfo y su repentino cam-

174

bio para con ella, con Rodolfo, ¡con su amado Rodolfo muerto! ¿Qué líneas faltan a la imaginación para trazar cuadros funestos? ¿Qué tinta no tiene su paleta para colorirlos de un modo horrible? **La loca de la casa**[97] se convierte muchas veces en el verdugo del corazón; y cuando le está dando muerte, una muerte lenta, con todos los horrores de los recuerdos del bien perdido para siempre o los temores del mal que viene sin que sea posible evitarlo, ¡cuán difícil es orar poniendo toda atención en buscar a Dios, en hacerle presente las necesidades y los dolores y en demandarle remedio para ellos! Sin embargo, hay una cosa sobre la cual nada pueden los desbarajustes de la susodicha loca, y es la intención. Esta, que no los pensamientos y las palabras halla francas las puertas del cielo y Dios la acoge. La intención, fruto de la voluntad, no tiene que ver con las contingencias que a esta se oponen. Conviene, pues, orar y Dios haga del intento de quien ora lo que le plazca a su divina misericordia o su divina justicia.

Y oraba Luisa, oraba mucho; pero entre las distracciones o tentaciones que padecía al implorar la piedad del cielo ¿no sería una el recuerdo de la nefanda negación de su esposo a la existencia del Padre celestial a quien pedía que le favoreciese? ¿No irían sus ruegos maleados por la duda de que al materialista y ateo pudiese merecer favor alguno de parte del Dios negado y ultrajado? «¡Piedad, Señor! ¡Piedad para mi esposo», exclamaría la infeliz joven, y al mismo tiempo resonaría en lo íntimo de su alma la espantosa frase: ¡No es digno de ella!

—¡Piedad para mí! —repetiría—; ¡piedad para mi hijo!, y la voz inexorable replicaría: «¡Padece, padece! Eres culpable; desoíste los consejos de tu padre y te diste un mal marido, un marido sin fe; y diste a tu hijo un padre malo e incapaz de conducirlo a su fin celestial por los caminos de las virtudes cristianas».

¿Quién hablaría a Luisa de modo tan cruel, perturbándole en sus **deprecaciones**?[98] ¿Quién? ¡La conciencia! ¡esta terrible

...........................

[97] La imaginación ha sido denominada como «la loca de la casa».
[98] Ruego, súplica.

175

vengadora del cielo!

Don Juan penetraba muy bien en los padecimientos de su hija. Ella se los había revelado en parte; lo demás él se lo sabía… El corazón de un padre es adivino cuando quiere descubrir los secretos del corazón de un hijo desgraciado. Bondadoso y discreto, no dijo a Luisa ni una palabra que pudiera recordarle cuánto se opuso a que se casara con Rodolfo; ni menos pensó un momento siquiera en hacerle presente que se iban cumpliendo sus pronósticos. Al ser padre vulgar, le habría dicho: «Ya ves cuánta justicia tuve; mira cómo van realizándose mis temores». ¡Cómo si estos triunfos de la previsión pasada fueran alivio al mal presente! Abundaron, eso sí, sus juiciosas reflexiones para levantarle las fuerzas del alma y prepararla a sufrir mayores trabajos que podrían sobrevenir; porque, al cabo, ¿qué había al presente? Solo la displicencia del esposo, su ceño, sus pocas palabras, un eclipse, en fin, de su cariño, que tal vez pasaría pronto; eclipse producido por el simple se «susurra» dicho por un periódico y por la falta de una carta. El susurro podía no tener fundamento: los periódicos suelen acoger las noticias más absurdas sin pensar en las consecuencias que pudieran traer. La carta podía no haber venido por causa diversa de la noticia del periódico; su falta misma era, en concepto de don Juan, indicio seguro de que no había nada alarmante respecto del banco; pues si hubiese eminente peligro de quiebra, el corresponsal de Rodolfo, en vez de guardar silencio, se hubiera apresurado a comunicárselo. Por último, un peligro, por inminente que sea, dista mucho de la realidad del mal.

Don Juan y su hija de **consuno**,[99] en los ratos que podían ver a Rodolfo, se esforzaban en reanimarle. Luisa empleaba argumentos de su amor. Su esposo, que no había dejado de amarla, como ella erradamente sospechaba, se veía embargado por contestar las frases empapadas de pasión que le dirigía. Don Juan, más conocedor de la situación y del carácter moral de su yerno, empleaba armas de filosofía, ya que estaba per-

..............................
[99] Conjuntamente.

176

suadido de que las de la religión eran inútiles para con él. En este caso se le atravesaba al joven la dificultad del respeto que le infundía el venerable viejo; sin embargo, con él sí discutía un poco. A la moral filosófica de don Juan oponía solo débiles razones de interés positivista y de honor, de este sentimiento tan noble, pero que, cuando no es alimentado por el jugo de la doctrina cristiana, llega a ser pernicioso. La sociedad está llena de lágrimas y sangre derramadas por la mano del honor desnaturalizado e impío.

—¡El honor! —replicaba don Juan—. Dime hijo mío, ¿hay cosa que levante más el honor que el temple de alma que se opone al infortunio y le vence? Si uno pierde sus bienes de fortuna, como temes perderlos tú, ¿hay cosa más honrosa que menospreciar este contratiempo, juntar todas las fuerzas de la inteligencia y toda la actividad del cuerpo, y lanzarse de nuevo al trabajo, y donde ha desaparecido una riqueza amontonar otra mayor, a despecho de la suerte? Y si el trabajo resulta estéril, y si persiste la escasez, y viene aun la miseria, ¡qué importa! Queda la virtud en pie; queda erguido y hermoso lo que tú mismo tanto amas, el honor; queda, mi Rodolfo, una cosa que es infinitamente superior a todo el oro del mundo, la grandeza del alma.

Rodolfo acababa siempre por ceder, o fingir que quedaba vencido por las razones de don Juan; pero este no era hombre a quien se podía engañar: veía que no cambiaban ni el aspecto triste ni la huraña de su yerno, y no era posible que le tuviese por mudado de ánimo y capaz de soportar la desgracia, cuyo brazo de hierro le amagaba.

Aun cuando para la razón del pobre joven muchas de las cosas que decía don Juan eran de peso irresistible, su imaginación acalorada le presentaba imágenes ante las cuales se rendía; su voluntad debilitada por el influjo de su carencia absoluta de fe y de su concupiscencia. Veía sus cálculos fallidos, sus afanes malogrados, sus bienes convertidos en polvo, los áureos palacios levantados por su mente, y que esperaba con loca seguridad tenerlos verdaderos dentro de poco, deshechos como las vaporosas nubecillas de la aurora cuando aparece el día; y veía a su esposa despojada de sus vestidos pomposos y de sus joyas por las manos de la miseria, y de su belleza por las crueldades del dolor; veía a su hijo haraposo y llorando de hambre; se veía a sí mismo desposeído del honor, que era su ídolo, perseguido de sus acreedores, sin amigos, menospreciado de la sociedad y luchando en vano contra un espectro formidable que él llamaba fatalidad. ¿Cómo el amor de Luisa ni la filosofía de don Juan hubieran podido vigorizar un corazón así moralmente anémico, ni derramar luz en el alma así por completo entenebrecida? ¡Oh! ¡Dadme una gran desgracia en hombre que debe mirar al cielo, y yo podré curarla; no me deis una desgracia, ni aun pequeña, en quien vive atollado en la materia, porque ese mal no tiene remedio!

Iban así las cosas hasta el día anterior de la llegada del correo. ¿Qué traería este? ¿La salvación de Rodolfo o la consumación de su ruina? ¿Cuál sería el desenlace de este drama tejido de amores y angustias, y cuyo nudo eran la falta de una carta y una noticia verosímil, que no segura? En todas las almas se libraba un reñido combate entre el miedo que las hacía estremecer y la esperanza que les sostenía las fuerzas.

Pero, cosa notable y a la sazón difícil de explicarse y que solo después pudo ser comprendida: la víspera del correo se mostró Rodolfo bastante tranquilo, y hasta gastó alguna jovialidad con Luisa, hizo cariños a su hijo y conversó con desenfado con don Juan y don Pedro. Cenaron juntos, y en el departir de sobremesa ¡estuvo alegre!

—¡Vamos! —dijo riendo—, el asunto del Banco P... ha estado estos días manejado por el diablo para hacernos tragar bocados de acíbar y asafétida. Luisita, ¿has visto malhumor como el mío durante una semana, que ha sido como un siglo?

—No, Rodolfo, a lo menos en ti no lo he visto nunca —contestó la joven y añadió: —¿Pasó ya del todo el esplín?

—Del todo.

—¡Gracias a Dios!

—Pero alguna causa debe haber —observó don Juan clavando en su yerno una de aquellas miradas escrutadoras tan comunes en él—, para que se hubiese verificado en tu ánimo un cambio tan notable y repentino.

—Naturalmente.

—¿Has dado con la manera de resolver el problema de tu porvenir, caso que resulte cierta la quiebra del banco?

—En efecto.

—Me alegro. Presumo que para ello habrán influido algo mis reflexiones y consejos.

—Pudiera ser. Estése usted seguro…

—Hombre —le interrumpió don Pedro echando una gran bocanada de humo—, para algo habías de tener talento y ser tan hombre.

—Gracias, mi tío: siempre tiene usted flores para mí. Decía a don Juan que estuviese muy seguro de que no me dejaría postrar por la desgracia: yo sé de qué modo he de oponerme a ella.

—¡Eh! Rodolfo, ¿no decía yo que eres muy hombre?

—Sí, tío, soy hombre: sea cual fuere la noticia que me venga mañana, he de salvarme. ¿Saben ustedes que estoy avergonzado de mis tristezas y amohinamientos de estos días? Por una simple noticia que no tiene fundamento seguro, ¡ponerme como un chiquillo que ve levantado el látigo del maestro! Luisita, ¿por qué no te reíste de mí, en vez de llorar?

—¡Buena estuve para reír, viéndote con una cara que me ponía miedo!

—¡Ja, ja! Tienes razón. ¡Qué tonto he sido!

Entre tanto, don Juan, cruzados los brazos sobre el borde de la mesa, guardaba silencio sin apartar de Rodolfo los ojos llenos de tristeza y curiosidad a un tiempo. Su yerno le parecía esos momentos un **logogrifo**[100] indescifrable, a no ser que se tomara por clave cierta idea que asaltaba al desorientado viejo, nacida del propio materialismo del joven. Mas tal idea

...........................

[100] Se dice de un enigma que consiste en intercambiar las letras de una palabra para formar otras. El significado de estas palabras nuevas tiene que ver con un sentido oscuro pero alusivo. En este contexto, podemos decir que Rodolfo se presentaba como un hombre cargado de contradicciones, sentidos a medio mostrar, y otros signos contradictorios que don Juan trata de descifrar, pero temiendo hacerlo, al mismo tiempo.

pasaba por su mente barrida por un ¡quién sabe! que interiormente se decía. ¡Quién sabe!, continuaba diciéndose don Juan: hay fenómenos psicológicos que se esconden a la penetración más vivaz, y tal vez en Rodolfo ha ocurrido uno de ellos. En casos como este no hay juicio humano bastante seguro, y vale más no aventurarlo para no incurrir en un absurdo o una injusticia.

Con todo, ocurríasele a don Juan que los esfuerzos de Rodolfo no eran bastantes para tapar un no sé qué sombrío que se transparentaba en su rostro y vibraba en sus palabras; pero al punto presumía que ese no sé qué pudiera estar más bien en su propia imaginación, que no en Rodolfo.

\* \* \*

Don Juan y don Pedro se retiraron, aquel pensando en lo difícil de la situación de su yerno, en la intempestiva mudanza del ánimo de este, y en cómo podría verificarse la solución del problema de su corazón debilitado por la **concupiscencia**[101] y de su cabeza revuelta por las ideas del más crudo materialismo, en lucha con la adversidad y la miseria; y don Pedro, teniendo por seguro que al día siguiente el correo traería buenas noticias, que darían por resultado un holgorio de familia con mantel largo, exquisito champagne y soberbios habanos. Era para él cosa de las más incomprensibles del mundo que un banco pudiese quebrar y un enigma que de la ruina del banco sobreviniese la de un particular; y más que todo hacíasele cuesta arriba el sospechar siquiera que pudiesen no ser muy felices en el tiempo y la eternidad su íntimo Rodolfo y su amadísima sobrina Luisa. Y anda que anda cada cual para su techo, a don Juan enmudecían sus graves pensamientos, y a don Pedro el entusiasmo de fumar: era su boca la chimenea de una fragua en actividad, y sus manos desquitaban las frotaciones omitidas durante la semana, y medida del esplín de

.............................

[101] Anhelo y gusto de bienes terrenales. Apetito desordenado de bienes deshonesto (Diccionario RAE).

Rodolfo y de la tristeza y lágrimas de Luisa. Semana y media sin tardes de café ni paseo, sin noches de piano ni de charla. ¡Qué atrocidad! Mas ya iban a volver los días de contento y don Pedro se anticipaba a gozarlos en imagen.

Luisa durmió tranquilamente hasta las nueve de la mañana, cosa desusada para ella; ¡tan buen efecto le habían producido el amor y el cariño despertados en el corazón de su esposo! Este no lo pasó muy bien: tuvo insomnio, se sintió acalenturado y dio mil vueltas hasta desordenar las sábanas. La frescura de la aurora le calmó un poco y el sueño le acarició durante media hora. A las seis se vistió y antes de salir se detuvo a contemplar a Luisa dulcemente dormida con Rodolfito pegado al pecho y la rubia cabecita apoyada en el desnudo y mórbido brazo de la madre. Grupo digno del estudio de un artista: eran el amor piadoso y el amor inocente descansando al amparo de un ángel que estaba allí invisible con las alas tendidas sobre los dos. Rodolfo se inclinó y besó con tiento, para no despertarlos, a la madre y al hijo. En seguida y de puntillas dejó el dormitorio, ordenó a un paje que, llegada la hora, fuese a traerle su correspondencia y se encerró en su escritorio.

Luisa y el niño se despertaron a un tiempo. Ella, algo disgustada por haberse dejado sorprender de las nueve que en ese momento daba el reloj de la casa, se vistió aprisa, hizo la señal de la cruz en la frente del pequeño Rodolfo, y dejándole que estuviese gorjeando y batiendo libremente brazos y piernas, se postró en su reclinatorio, se santiguó, cruzó los brazos apoyándolos en el angosto antepecho y comenzó sus rezos acostumbrados. Pero sintió sequedad en el corazón y pereza en la mente, lo cual atribuyó, con enojo contra sí misma, a haber dormido más de lo necesario. Se santiguó de nuevo y se esforzó por traer a su alma la presencia de Dios. ¡Vano afán! Parecíale que una nube negra se interponía entre ella y el cielo, y que una helada ráfaga abatía la oración que pugnaba por subir a él. «¿Qué es esto, Dios mío?», se dijo suspirando, y sintió llenársele el pecho de tristeza, y que todas sus fibras eran sacudidas por una extraña turbación. Cesó inconscientemente de rezar, y por una fuerza que no

181

estaba en ella contrarrestar, fue llevada a consideraciones que no había imaginado le vendrían cuando se postró en el reclinatorio: su amor había sido puro; mas ¿no obró mal en haber empleado ese amor en un hombre que no podía comprender su pureza y su espiritualidad? Su amor fue legitimado por el matrimonio, pero, ¿sería también santificado? ¿Cómo pudo haber descendido el rocío de la gracia, cuando la mitad más importante de ese matrimonio, aquella en que estaba la cabeza y la fuerza, se hallaba pervertida por el materialismo y el ateísmo? Su padre, tan bondadoso, tan prudente y previsivo y que con tanta ternura la amaba, se opuso a su enlace, y ella desoyó sus consejos y le llenó el corazón de amargura: ¿no fue malo el rechazo de la amable autoridad paternal y vituperable el haber acibarado los días del pobre viejo? Y la desdichada joven, que sentía su amor a Rodolfo aferrado a lo íntimo de su alma, era al mismo tiempo víctima de su conciencia que la castigaba por su culpable proceder a causa de ese amor. El estado de su ánimo se ponía más angustioso instante por instante, ¡y no podía llorar! Dos veces dejó el reclinatorio, y medio desatentada dio vueltas por la pieza, se acercó a su hijo, lo besó y volvió a caer de rodillas, ¿para qué? Para tornar también al suplicio de sus pensamientos, y a sentir dentro de sí la riña cruel de sus encontrados afectos. Tenía el rostro pálido y descompuesto, en desorden las crenchas, asaltada de súbito y perseguida por el remordimiento y el terror que querían dañarla, pero que no podían sino cambiarle de formas sin quitarle su atractivo. Al fin alzó los brazos, juntó las manos entrelazando apretadamente los dedos, dirigió una mirada indescriptible al crucifijo que tenía delante, y exclamó con voz trémula:

—¡Señor! me postré a implorar tu misericordia, y tú has querido anonadarme con tu justicia: ¡bendita sea tu voluntad!

Movíanse todavía sus labios con las últimas sílabas, cuando hubo un estampido. Púsose en pie rápidamente, cual si lo hiciese impulsada por un resorte, y corrió a la puerta gritando:

—¿Qué hay? ¿Qué fue?

—¡Un tiro en el cuarto del amo! —contestó la criada,

pálida y temblando.

Luisa voló, empujó con violencia la puerta del escritorio, entró...

Rodolfo, medio dobladas las rodillas, apoyado el brazo izquierdo al borde de la mesa y en la mano diestra una pistola a punto de caer arrojaba de ambas sienes chorros de sangre.

—¡¡Ay!! —exclamó Luisa al verle, y con los brazos abiertos se precipitó sobre el suicida, le estrechó en ellos y cayeron ambos. Él ya no tenía vida; ella había perdido el conocimiento.

La criada corrió por todas partes llorando y divulgando el suceso. El primero en acudir al horrible teatro fue don Juan. Se estremeció de dolor y espanto, y para no caer se sentó en una silla, y mudo, con los labios entreabiertos y los ojos clavados en el sangriento cuadro, permaneció unos segundos. No le había engañado la mentida calma de Rodolfo; este fin sospechaba, y la idea de este fin era la clave para descifrar la idea del repentino cambio del joven la víspera del suceso.

No tardó en asomar don Pedro; entró desalado, miró un momento... no pudo tolerar el espectáculo; volvió el rostro descompuesto y... al dar con don Juan, desvió de él los ojos, y poniendo la mano abierta a un lado temeroso de que le viese, salió al punto del aposento, rugiendo más que hablando:

—¡Suicida!... ¡Bruto!... ¡Tuvo razón mi hermano!...

Rehecho algún tanto el ánimo de don Juan y vertiendo lágrimas, apartó a su hija del cadáver de Rodolfo.

Luisa tardó en volver en sí.

\* \* \*

Sobre el pupitre de Rodolfo halló don Juan abierta la carta del corresponsal de París en la cual estaba confirmada la noticia de la quiebra del Banco P... y por consiguiente la pérdida casi absoluta de los capitales que fuera depositando el joven, como base del negocio que debía enriquecerle en muy corto tiempo. Al pie de la carta e indicando un pulso inseguro, estaban de letra de Rodolfo estas sarcásticas palabras: «Cumplo lo que ofrecí: ¡me he salvado!».

Parece excusado añadir cuál fue en adelante la vida de la infortunadísima Luisa. Todos los esfuerzos de don Juan y de don Pedro para consolarla fueron inútiles, y el más hábil médico de las dolencias del alma —el tiempo—, tampoco pudo cerrarle la honda llaga abierta en la suya.

Todas las predicciones de don Juan se habían cumplido. La amorosa pasión de Luisa subsistía contrariada por la repugnancia del crimen y por el horror de la eterna suerte de Rodolfo. Buscábale con la imaginación día y noche. Quería penetrar al cielo, y retrocedía de miedo al no hallarle en él; quería descender al lugar donde las almas se purifican penando y esperando, mas, ¿límpiase por ventura la que se va a la eternidad cargada de dos atroces culpas, la negación de Dios y el suicidio? Quería hundirse en el infierno, y el temor de dar allí con esa alma querida le hacía estremecer. ¡Su Rodolfo! ¿Dónde estará su Rodolfo? El amor le decía:

—Espera verle feliz y junto a ti después que mueras tú también.

La conciencia deshacía este pensamiento consolador, gritándole en lo más íntimo del alma: ¡Imposible!... La maldición de Dios había cavado un insondable abismo entre el alma de Rodolfo y el alma de Luisa; en la orilla a que fue arrastrada aquella estaban las tinieblas, y el llanto, y el crujir de dientes, sin que sonriese ni un instante la esperanza del bien; en la orilla en que había quedado Luisa estaban las tormentas del amor destrozado, de las ilusiones muertas, de las esperanzas de la tierra aniquiladas; pero ahí se hallaban también, para que el alma no perdiese la vida entre estos tormentos, la fe con su antorcha que ilumina el camino del cielo y la esperanza divina que con el brazo levantado le enseña allá distante, pero cierto y seguro, el alma creyente y virtuosa.

¿Y el cadáver? ¿Y esos despojos de quien durante un año labró la dicha de Luisa en el mundo? ¿Dónde están, dónde están? La iglesia no quiso darles albergue junto a los huesos de sus hijos. Sin acompañamiento, sin oraciones, sin más luz que la melancólica de la luna, fueron llevados a un campo desierto y tirados en la **huesa**.[102] El viento ha borrado las señales de esta. Luisa no sabe dónde está. ¡Si pudiese saberlo! Si le fuera posible plantar sobre ella una cruz y colgar de sus brazos una corona empapada en su llanto. ¡Si pudiese orar sobre ese polvo querido! Mas nada puede. ¿Y a qué cruz en la tumba del maldito? ¿A qué las oraciones por un alma perdida?

¿Compréndese algo el estado moral de la viuda de Rodolfo?

Don Juan vivió largo tiempo y siempre consagrado a cuidar de su hija y de su nieto, y siempre triste con la invencible tristeza que ella le comunicaba.

Muchos años vivió también don Pedro, y no dejaba pasar ocasión sin aconsejar a las jóvenes que no se casaran con materialistas o impíos, por buenas prendas que tuviesen por otra parte, pues había mucho riesgo de que el rato menos pensado se largaran al otro mundo como Rodolfo.

El recuerdo de este malaventurado y la impresión de su trágico y negro fin duraron muy corto tiempo en la sociedad. Los cubrió con la escarcha de su indiferencia y luego con la sombra del olvido.

«Que haya un cadáver más, ¿qué importa al mundo?», dijo el gran lírico español; y al decirlo interpretó un sentimiento social duro y terrible, pero verdadero. Nosotros, imitando a **Espronceda**,[103] interpretaremos lo que dijo, tal vez, la sociedad al saber que Rodolfo se había matado:

*Que haya un suicida más no importa un bledo.*
*Él desaparece, yo en mi ser me quedo…*

..............................

[102] Fosa o hueco para enterrar un cadáver.
[103] Poeta español (1808-1842) que se erige como el poeta romántico español por excelencia. Su tendencia romántica tenía visos de la obra de Lord Byron.

# HISTORIETA

En nuestra fértil tierra se da el pomposo nombre de hacienda a cualquier heredad de dos o tres **fanegadas**[104], con su **troje**[105] cubierta de paja, el corral, la era, un par de yuntas de bueyes y dos borricos trilladores; y allá por agosto y septiembre, cuando, secas ya las matas de maíz, comienza a inclinarse al suelo el maduro fruto, y el trigo amarillea, y silban las espigas sacudidas por el viento de oriente, se van al campo, tanto las familias ricas como las que, poseyendo solamente un pedazo de tierra mal cultivada, hacen la cosecha en un santiamén. Luego vuelven todos a la ciudad, con algún recuerdo, con algún dejo a lo menos en el fondo del corazón de esos días fugitivos pasados junto a la choza del indio, y participando en cierta manera de la inocente sencillez que le caracteriza.

Un amigo mío posee una hacenduela de tan reducida extensión que el canto del gallo del mayordomo se oye en todos los extremos, y a veces hasta fastidia a los vecinos. Pero es de oírse el tono del propietario cuando dice por septiembre: voy a cosechar en mi hacienda: ni el Czar habla de sus Rusias con más orgullo. Se va, en efecto: cosecha el maíz en un día, véndelo en otro, y al tercero está el producto íntegro comido y digerido. Esto, es verdad, es muy poco; mas háme asegurado que, en cambio, son muchos y muy grandes los gozos que le

..............................

[104] Espacio de tierra donde se puede sembrar una fanega de trigo. Por supuesto, este término ya no se aplica solamente al cultivo de trigo, sino que se lo utiliza como una medida en general.
[105] Espacio cercado donde se guardan los frutos o los cereales.

proporcionan esos breves días de existencia agreste, pasados entre la cabaña y la sementera, en correspondencia inmediata con la gente de labor, visitando rediles, aunque sean ajenos, y lidiando con los perros que, en extremo celosos de la propiedad del amo, le siguen largo trecho levantando el polvo y haciendo más bulla que un liberal de nuestros días.

Bien creo en esos gozos y delicias íntimas que ensanchan el corazón oprimido por la pesada atmósfera de las ciudades, y dan al espíritu ideas nuevas y afectos suaves. Digan cuanto quieran los enemigos del idilio y los que hacen gestos y tienen **bascas**[106] cuando oyen hablar de alquería, de campos labrados, dehesa, redil y pastores, lo cierto es que todo esto tiene mucho de poético y agradable. Pero ¡qué! si hasta esos hombrazos que las dan de filósofos y buscan en todo la verdad de la verdad y el porqué del porqué, y miran de reojo y con desdeñosa sonrisa a quien no participa de sus ideas, por estrafalarias que sean, pudieran muy bien encontrar en nuestros campos y campesinos, sus costumbres y suerte, motivos para estarse más de una semana gachos y cogitabundos, volviendo y revolviendo en su revuelto **magín**[107] muchas verdades que se ven y no se alcanzan, y muchos porqués de difícil solución. ¡Oh, filósofos! ¡Cuántas veces el olor de la verdad os lleva a regiones ignotas, sin reparar que el objeto que lo exhala está muy cerca de vuestras narices!...

Mas yo parezco discípulo de cierta escuela literaria moderna, según como voy divagando. Vuelvo pues a mi amigo. Este compinche, valga la verdad, no es **moralista**[108] ni filósofo, pero a veces le da la tecla por referir cuentos y anécdotas, y no carecen de naturalidad y gracejo sus relatos. No ha muchos días me hizo el siguiente:

El año de 185... fui, como de costumbre, a cosechar en mi

..............................

[106] Ansias o angustias que se sienten en el estómago cuando se va a vomitar.
[107] Imaginación.
[108] Persona que estudia la moral. Clérigo que se ha ordenado estudiando solamente latín y moral.

hacienda. Un día amaneció la naturaleza de mal humor, ni más ni menos que cierto enamorado que yo sé, cuando pasa alguna larga noche de invierno al pie de la ventana de la ingrata, y sin haber visto a la tal, ni oído siquiera su posecita, se vuelve a casa cabizbajo con los ojos lagrimosos y colorados, boquiabierto y gestudo. La banda oriental de los Andes había desaparecido bajo una inmensa capa de pardas nieblas; los objetos más cercanos aparecían confusos y fantásticos como las imágenes de un sueño; y el cielo, color de tono de **torcaza**[109], vertía una constante llovizna que, sacudida por el viento de levante, mojaba la cara de amos y jornaleros. A fe que la poesía campestre perdió en esos momentos para mí un noventa y nueve por ciento de sus hechizos, y di a Judas (ahora me pesa) con la égloga y el idilio; pues nada inspirador era el frío que me inspiraba hasta la médula de los huesos, quebrantando, a guisa de señor feudal, todos los fueros que me daban el poncho de bayeta, el sombrero de fieltro, la capilla de franela, el calzón de cuero de perro y el humo de cigarro que, tibio y suave, cubría la única parte descubierta de mi aterido ser, que era de las cejas a la perilla. Convirtióse al fin el **calabobos**[110] en un formal aguacero, y hubimos todos de buscar abrigo en la casucha más inmediata, propiedad de un indio acomodado.

Miento que no era casucha; pues no merece tal calificativo la que levantada sobre tres hileras de adobones, con gruesos pilares, alar de teja y puerta de tabla, se distinguía y señoreaba entre las demás chozas. El dueño, que era un indio sexagenario, pero con pocas arrugas y canas, dentadura cabal y blanquísima, y completa salud, tratóme con amabilidad y respeto. Juzgó más acertado recibir la inesperada visita en el corredor, brindóme un asiento de sacos de maíz cubierto con pieles de cabra, tendió a mis pies una estera nueva

........................
[109] Tipo de paloma de color gris oscuro.
[110] Lluvia menuda. Tiene su origen esta palabra en el verbo calar (mojar) y bobo. Cuando una persona ve que cae solamente una llovizna, emprende la marcha bajo ella, sin darse cuenta de que esta, por menuda que sea, puede empaparlo de pies a cabeza.

y quedó satisfecho de su propia urbanidad. Luego conversó un rato conmigo sobre la escasez del año presente, la mala mañana, los proyectos de siembra, los temores de las heladas de **carnestolendas**[111] y la codicia del diezmero, siete veces peor que las heladas, y se fue a formar corro con mis peones que, al amor de una buena lumbre, comían maíz tostado, sal, ají, y charlaban con singular desenfado.

Yo dormitaba entre tanto cual si estuviese repantigado en una mullida poltrona, y dejaba pasear por mi mente mil pensamientos inconexos, perezosos como mi ánimo y confusos cual el paisaje que me rodeaba, envuelto en niebla y lluvia como una inmensa red de innumerables y finísimos hilos.

El ladrido agudo y penetrante de un perro de orejas paradas y bullicioso como un colegial vino a sacarme de tal sopor; alcé la cabeza y vi un indio anciano, una muchachita y un borrico empapados de pies a cabeza. Los primeros, que en la descarnada y pálida faz y en el traje remendado y corcusido demostraban grande escasez y miseria, se habían acurrucado bajo unos matorrales, por cuyas hojas caían gotas más gordas que las del cielo y el pobre jumento, con una enorme carga de sacos de cebada a cuestas, sufría con su proverbial paciencia toda la furia del aguacero, con el hocico a dos dedos del suelo, las orejas tendidas hacia la cerviz y meditabundo y triste como un jugador perdido.

Apenas los vieron los otros indios invitaron al viejo y la moza a guarecerse bajo el techo hospitalario. Aquel se mezcló entre los hombres y su hija se sentó algo distante y de manera que no pudiese perder de vista al borrico. Mientras pasaban de mano en mano la sal y el pimiento, que son entre nuestros indios como la pipa de la paz descrita por el autor de **Atala**,[112] comenzaron todos a recordar tristemente no sé qué historia del nuevo huésped, quien de rico y dichoso era

..............................

[111] Época en que se celebra el Carnaval.
[112] Se hace referencia a René de Chateaubriand (Saint Malo 1768 – París 1848), iniciador del Romanticismo en Francia.

que había venido a parar en la miseria y abatimiento en que se le veía. Como no falta quien atribuya las desgracias de la raza indígena solamente a los vicios de que está dominada desde que no es libre, quise atender a aquella historia por ver si descubría el verdadero origen de tanto mal, a lo menos en la vida de aquel viejo. Yo he creído siempre que la culpa está de parte de los mismos hombres destinados por la religión, por la ley, por la sociedad toda, a ser apoyo y alivio de los infelices y de parte de la misma sociedad que mira con indiferencia el descarrío y la degeneración de las instituciones más sabias y las costumbres más piadosas.

El indio narró los acontecimientos de su vida ligera y sencillamente, y yo voy a trasladarlos a mi modo, porque no me juzgo competente para conservar en castellano la índole del quichua, tan dulce y expresivo, aunque bárbaro.

Pedro (si gusta al lector daremos este nombre a nuestro héroe) tenía también en otro tiempo casa de tapiales con alar de teja y cruz de ladrillo en la cumbre; hallábase rodeada de algunas áreas de terreno bien cultivado; el patio estaba cuajado de gallinas, el redil lucía cien gordas ovejas, en la pocilga cuatro marranos, y en varias estacas borricos y bueyes, sin que faltase vaca lechera con su **triscador**[113] ternero.

Pedro trabajaba en las labores del campo; ayudábale su mujer, según es costumbre, entre los indios, y las hijas cuidaban de la vaca y demás animales caseros. Los domingos iban a misa, el marido con poncho de hilo de algodón y sombrero con cintas anchas, la mujer con rebozo colorado y el cuello cubierto por una docena de gargantillas, las hijas no menos bien puestas y guapas, y todos rebosando salud y contento. Algunas veces, eso sí, iban cuatro y volvían cinco, si hemos de contar con el numen del vino o más propiamente de la jora, que marido y mujer lo llevaban en la cabeza; pero idos al siguiente día los vapores divinos, todos volvían a sus tareas conocidas y la paz nunca se alteraba.

...........................

[113] Retozón.
[114] Ver desde lejos, sin que la vista sea definida.

Esta dicha no debía ser duradera, porque era demasiado grande para un indio. Sobre él pesa una maldición y extraña cosa sería un ser maldito gozando de felicidad por toda la vida. Algunas veces la **columbra**[114], la palpa, cree poseerla; pero es para hundirse luego en mayor miseria y padecer y llorar sin consuelo.

Una mañana cayó en casa de Pedro un demandero con la efigie de San Antonio en la mano; ¡caballero en mal jaque y enterrado entre los borregos, gallinas, alforjas henchidas de granos y otras muchas cosas habidas de la caridad de los campesinos, como las contribuciones que arrancaba cierto gobierno del patriotismo de los ecuatorianos; pues los demanderos y aquel gobierno han tenido el mismo método de infundir virtudes cristianas y sociales, y el mismo sistema de extracción de limosnas y contribuciones.

El intempestivo visitante presentó la caja de rapé a Pedro y su mujer que tomaron buenas pulgaradas con más que buena inocencia, y en pago diéronle unos cuantos puñados de maíz.

«¡Esta es limosna!», exclamó el demandero indignado. Y sin más ni más, dejó la cabalgadura, entró al aposento y limosneó (para este caso hay necesidad de crear tal verbo) cuanto hubo a la mano o fue de su agrado. Luego en el patio echó los cinco a una gallina, y puesto de puntillas alcanzó a divisar el redil; fuese a él, echó lazo al **padrote**[115], y se lo llevó en nombre de su indiscutible derecho y a vista y paciencia de los atónitos indios. La mujer solía decir después, recordando lo ocurrido, que el diablo en estampa de demandero había ido a su casa a dar comienzo a la serie de infortunios que sobre ella y sus habitantes vino luego.

El mismo día y en nombre del cura fue Pedro notificado con el nombramiento de prioste del santo patrono, y a poco tuvo una boleta del juez parroquial para que fuese a contestar una demanda temeraria promovida por un tinterillo. Al día siguiente, mientras apoyado, o más bien víctima de otro leguleyo, contestaba la demanda y se dejaba envolver en las redes del

..............................

[115] Semental.

192

foro aldeano, como la simple mosca en las de la astuta araña, habían tocado en la casa el **primicero**[116] y el diezmero y ambos a cual más mal cristianos, invocaron su derecho y lleváronse cuanto fue necesario para satisfacer por entonces su codicia: las gallinas fueron quitadas, las ovejas diezmadas y arrebatadas en lo más florido, un borrico y un buey pagaron la **albaquía**[117], y, por añadidura, las tetas de la vaca quedaron escurridas, como muerto tesoro en un día de revista de comisario.

Al alejarse el diezmero se paró a contemplar las sementeras del contorno, y deteniéndose en las de Pedro exclamó con toda la efusión de la codicia: «¡Caramba! Este indio es ricacho; mas, por fortuna, yo soy el diezmero...»

Vino el día de la fiesta, y los ya menoscabados haberes de Pedro tuvieron que hacer frente a la multitud de gastos, superfluos los más. El párroco se llevó una gran tajada, superior, por supuesto, a la que señala el arancel; los coadjutores no se quedaron sin la suya, y el síndico, los sacristanes, músicos, coheteros, las solteronas con su oficio consabido, los alquiladores de espejos y colgaduras, etc., etc., dejaron exhausta la bolsa del desdichado viejo. Pero todavía no contamos con otro gasto tremendo: la función de la casa; y para ello entre muertas y venidas habían desaparecido ya las gallinas y ovejas sobrantes de los demanderos, diezmeros y primicieros, y de los presentes dados al tinterillo, y de los derechos del juez, que a veces suele cobrar un borrego por firma y un par de gallinas por un hice saber a don fulano.

La fiesta pasó al fin, mas no la **litis**[118], y esta vino al cabo de pocos meses a consumir con los últimos borricos y bueyes; y hasta la vaca lechera con su ternerillo se fue de casa, haciendo derramar muchas lágrimas con su eterna partida a las dos muchachas hijas de Pedro.

Acosado se veía este por tantas desventuras cuando fue

...........................

[116] Persona que cobraba las primicias, un tipo de tributo impuesto a los indios en Latinoamérica.
[117] Lo restante.
[118] Disputa legal.

nombrado alcalde, otro motivo de gastos y ruina, pero que tenía que aceptar so pena de tamaña deshonra. Aquí le fue a Pedro preciso dar su casa y terreno en empeño a un famoso usurero de la aldea, funesto lobo con piel de oveja que oía misa todos los días, tenía conexiones con el cura, y robaba con una sagacidad tal que siempre estaba libre de la acción de la ley, a la que aparentaba gran veneración.

A más de los dos años triunfó en su pleito nuestro héroe, y salvó sus tierras por ese lado; mas para pagar los derechos de la última sentencia hubo de vender la mujer sus últimas gargantillas y el marido el único poncho nuevo que le había quedado. Con todo, se alegró don Pedro juzgando que este triunfo era el fin de sus desgracias y principio de una nueva fortuna; pero la alcaldía con sus danzas y festines continuos no había pasado, el plazo de empeño de las tierras se acercaba, la mujer cayó enferma a fuerza de trabajar y padecer, y la ruina próxima era inevitable. En tanto vino nuevamente el diezmero, no a cobrar en granos, sino a hacer a Pedro un cargo que no esperaba y a exigirle dinero porque según es uso, las sementeras habían sido tasadas, y el diez por ciento debía ser pagado conforme a esa tasación. El usurero estaba listo como el demonio a llevarse el alma condenada, y pagó por Pedro al estar ya en camino para la cárcel, con la condición de que si a la vuelta de un mes no se le volvía esta suma y la anterior, la hipoteca pasaría a ser su propiedad.

¿Qué dinero iba a devolver Pedro, si apenas tenía ya el alma en el cuerpo, y eso no con títulos muy seguros de propiedad? Vino pues el vencimiento del plazo, y el judío del prestamista se apropió de la casa y terruño. El día de esta catástrofe muró la mujer, y, como para rematar las desgracias que con su fatídica presencia había comenzado, asomó el susodicho demandero, y alzando las manos sobre el cadáver murmuró un responso que, por salir de tal boca y en **mascarrónico**[119] latín, acaso no subió ni al techo pajizo de la pobre estancia, tendió luego la mano para que Pedro pusiera en ella la limosna en

...........................

[119] Uso de un idioma o lenga de forma incorrecta.

remuneración del responso, el indio se excusó con la verdad diciendo que no tenía ni un cuartillo, diole aquel pillastre un bofetón y se fue. Algunos vecinos caritativos llevaron la difunta al cementerio; mas el cura exigió los derechos de entierro antes que se la sepultara; a falta de dinero y por compasión pidió a Pedro que diese a su hija mayor para criada; se sometió el desdichado a esta nueva prueba, y despidiéndose de mujer e hija volvió para despedirse también de su choza. Pero ¿a dónde iría?... El nuevo dueño de ella le propuso que continuase habitándola, a condición de servirle de peón concierto. Aceptó el viejo propuesta y condición, y se esclavizó para siempre. El día que contaba su historia pesaba sobre él una enorme deuda. Sabido es cómo muchos amos adeudan a sus sirvientes, dándoles a son de adelanto efectos malos, a precios dobles y triples, negándoles el abono del jornal por cualquier simpleza, y cometiendo otras mil injusticias.

Aunque Pedro lo calló, es preciso añadir que tras tantas desgracias se dio a levantar el codo con excesiva frecuencia para adormecer las penas; y con esto aumentáronse las necesidades y ellas le obligaron muchas veces a buscar arbitrios en hacienda ajena, ayudado por la hija que le había quedado para compañera de todas sus miserias.

Terminada la historia del infeliz viejo que infundió compasión a todos los circunstantes, el aguacero iba también tocando a su fin; el cielo mostraba su faz de azul purísimo por entre las rotas nubes, y los rayos del sol se encajaban por estas roturas para descender a la Tierra y calentarla y regocijarla; los gorriones salían de entre los matorrales, se sacudían y cantaban, y algunas aves de rapiña cruzaban ya los aires en busca de alguna víctima desprevenida. Pedro echó a caminar seguido de su hija y arreando el borrico, mis peones comenzaron nuevamente su faena, y yo, dando como ellos las gracias al dueño de la casa por su generoso hospedaje, los seguí silencioso y meditabundo.

He aquí, me decía, unas cosas bien dignas de atención, y si yo fuera filósofo ya tuviera algunas malas noches pensando en ellas. Ese pobre Pedro fue honrado, laborioso, inteligente

195

para el trabajo, y poseía otras prendas que le habían hecho persona distinguida entre los suyos, y pudieron hacerle útil a la aldea, a la ciudad, a la provincia entera, y hasta a la nación, pues «en la repúblicas nadie se eleva sino para dar la mano a los demás», como ha dicho un compatriota nuestro, y para contribuir por su parte, se debe añadir, al progreso material y moral de la patria. Pero ¡cuántos enemigos se levantaron contra el indio! ¡Cómo se empeñaron en arruinarle! En nombre de la religión destinada a perfeccionar las buenas pasiones, reprimir las malas y exaltar el espíritu hasta el cielo; en nombre de las leyes establecidas para la seguridad de la vida, honra y hacienda; en nombre del honor que dan ciertas obligaciones sociales, y del trabajo que moraliza y enriquece, le han arrebatado a Pedro sus bienes, le han empobrecido, abatido, deshonrado y dádole vicios que no conocía, los mismos hombres en cuyas manos estaba el poder de obrar el bien, o algunos zánganos humanos que predican el mal impunemente y viven de la sangre y lágrimas de los débiles e infelices. ¿Quién ha levantado la voz contra tantos abusos y crímenes? Los congresos han dado varias leyes en pro de la clase india; pero, o han sido inconsultas e inaplicables, y los resultados, por lo mismo, o no han correspondido al intento del legislador, o han escollado tal vez contra la voluntad de los mismos que le dieron; porque no es extraño entre nosotros ver hombres que piensan y obran de un modo en las Cámaras y piensan y obran de muy diverso modo fuera de ella. ¡Peregrinos legisladores que abofetean la ley, hechura suya, cuando quiere colárseles en casa!

En fin, tarde vendrá el remedio para estos males: robe y beba el pobre Pedro, y cubierto de harapos arree su fatigado borrico, imagen de la raza india trabajada y fatigada por los vicios y la miseria que le han dado sus dominadores.

## UN RECUERDO Y UNOS VERSOS

Eloísa era una graciosa y simpática joven, y su viveza y travesura me agradaban más que su belleza.

El año de 187… la vi después de seis u ocho meses y la encontré algo pálida y triste.

Sabía yo que desde su infancia había mantenido inocentes amores con un joven un poco mayor que ella, al cual llegó a mirar como a su novio.

Amores de las flores y el céfiro, de esos amores puros y candorosos cantados por el dulcísimo **Selgas;**[120] pero amores que, o se deshojan como ellas; o como el céfiro pasan demasiado rápidos aunque dejando dolorosas huellas.

Preguntéla si estaba enferma y me contestó sonriendo que no.

—Entonces, esa palidez…

—Entonces, ¿qué? —me interrumpió. Y yo le repetí estos dos versos de Martínez de la **Rosa:**[121]

*Pálida está de amores*
*mi dulce niña.*

Se puso súbitamente colorada y huyó de mi presencia.

Comprendí que en el corazón de Eloísa pasaba algo serio. El amor de los jóvenes, tenido por cosa frívola por algunas

..............................

[120] Escritor español (1822 – 1882), cuyo tema principal en sus obras eran la descripción y alabanza de las flores.
[121] Político, escritor, dramaturgo y poeta español (1787 – 1862).

almas irreflexivas y superficiales, no es para menospreciarlo, ni para que se le deje pasar desadvertido; esa pasión, según se la comprenda y dirija, es el genio malo o bueno que frecuentemente obra con gran poder en los caracteres y en el destino del hombre: el porvenir depende muchas veces de esa llama con la cual juega la inocencia sin quemarse, en tanto que no viene la malicia a terciar en los juegos. ¡Y cuán difícil es evitar que esta intrusa venga a envenenar las entrañas de aquel ángel compañero de la primera infancia!

Eloísa no tuvo quien comprendiera su pasión, ni quien la escuchase contra la malicia, ni quien dirigiese su vuelo por rumbo conveniente y honrado. Esto no quiere decir que hubiese tropezado en el guijarro de la perdición, del cual por maravilla se liberta la juventud descuidada; no, señor; Eloísa tenía aún envuelta el alma en el cándido velo de la pureza infantil; mas cuando calé sus amores hallé que a fuerza de imprudente libertad se había robustecido y tomado un camino del cual no era posible hacerlos retroceder.

\* \* \*

Pero yo no sabía toda la historia. Sin embargo, noté que el joven N... se había alejado del trato amistoso de la familia de Eloísa. Antes era asiduo en visitarla, y, considerado casi como miembro de ella, solía ser llamado a participar de las tertulias y de las diversiones más íntimas. Y, no hay que advertirlo, las miradas más tiernas, las frases más suaves de N... eran para Eloísa; para ella llevaba las más lindas flores y las frutas más exquisitas; para ella buscaba libros amenos y las piezas de música más a la moda.

Ese amigo tan constante, ese enamorado tan fino y obsequioso, dejó de ir un día a casa de Eloísa; después la ausencia fue de dos días consecutivos, luego de una semana, por fin de un mes, de más de un mes, de dos meses... Eloísa y su familia le mostraron extrañeza por tan irregular proceder. No le faltaban a N... disculpas; pero disculpas que, si al principio poco o nada le justificaban, llegaron a ser ofensivas a fuerza de dejar traslucir la falsedad que encerraban. En la familia de Eloísa comenzó a desenvolverse aquella fría indiferencia, precursora infalible del olvido. La indiferencia es como la hiedra que se desarrolla en los muros abandonados; cuando los cubre del todo, es la imagen del olvido; la indiferencia gatea, pues, fría y triste sobre la amistad o el amor que no se cultivan, y acaban por sepultarlos sin dejar vestigio ninguno de ellos.

Pero ¿y Eloísa?

Eloísa se demacraba y palidecía.

\* \* \*

El referido año de 187… en una de mis visitas a la familia de Eloísa, observé que esta me miraba con cierto interés contrariado por la vergüenza. Quería decirme alguna cosa, entreabría los labios, mas enseguida se los mordía, poníase encendida como una guinda y bajaba en silencio los ojos. La segunda vez que hizo esto le recité por lo bajo estos dos endecasílabos de cierta composición:

*Amor en vano de esconderse trata,*
*si el fuego de tus ojos le delata.*

—¡Versos! —dijo Eloísa suspirando—: ¡Ah! Señor, usted hace hermosos versos. Le envidio.

—¿Los quisieras para ti, Eloisita? —le pregunté; mas había apresurado el paso, y apenas me oyó cuando traspuso el quicio del salón donde nos aguardaba su mamá.

Allí continuó mirándome a hurtadillas, y en cada mirada parecía decirme: ¡Ah, señor, hace versos!

No había, pues, que darle vueltas: los ojos de su alma se iban tras de mi musa, no se dirigían a mí.

\* \* \*

El antepecho de una espaciosa azotea de la casa de Eloísa solía estar cubierto de tiestos de flores. Tenía la joven delicadísimo gusto para escoger las más hermosas, y en el tino para cultivarlas podía haber dado lecciones a un jardinero de profesión.

Un día la sorprendí arrimada de codos entre dos tiestos coronados de soberbios claveles, las mejillas en las palmas, delante de una pizarra, en la pizarra clavados los ojos, y el pensamiento con tanta intensidad fijo en unas líneas en ella escritas, que no le dejó sentir mi aproximación.

Llegué a ponerme a tan corta distancia que pude advertir que esas líneas eran versos.

Al fin ¡qué diantres! me sintió, me vio, dio un grito y pasó rápidamente la mano por la pizarra. El encogimiento de ánimo de Eloísa, común a todas nuestras jóvenes, y sin razón y perjudicial muchas veces, hizo desaparecer en un instante versos que quizás le costaron horas de trabajo y que, hijos de una viva pasión y nacidos en la sencillez de la naturaleza, fueron acaso muy buenos. ¡Y por qué no! Eloísa tenía talento, estaba apasionada, sentía que sus ilusiones querían abandonarla y dejar vacío el nido de su inocente corazón, y pugnaba con todas sus fuerzas por detener el vuelo de esos huéspedes tan hermosos, tan amados y ¡ay! ¡tan inestables! He aquí, a mi juicio, excelentes condiciones para que una joven se haga poetisa.

—¡Qué hace, por Dios! —exclamé en tono de reconvención al verla pasar y repasar el suave carpo hasta no dejar tilde de lo escrito.

—No hago nada —me contestó con notable turbación.

—¡Cómo, nada!

—Pues nada, le digo… le aseguro…

—Si he visto unos versos en la pizarra.

—¡Versos!

—Sí, Eloísa, versos.

—¿Cómo adivinó usted que esas líneas eran versos?

—No era preciso adivinarlo. Y luego, ¿podrás negar que deseabas unos versos?

—¡Que los deseaba yo! Pero, señor…

—No me lo niegues, niña. He penetrado tus deseos, y conozco que si no me has pedido esos versos con la franqueza que debes emplear para conmigo es solo a causa de la excesiva vergüenza que me tienes. ¿No es verdad?

Eloísa se mordió suavemente el labio y bajó los ojos.

Dos palabras más, y estaba vencida, cual ella lo deseaba. «Niega y negando quiere que la premien».

—Ea, amiguita —añadí— pues, no tienes por qué avergonzarte de ser franca con tu viejo amigo.

—Yo… —dijo con voz trémula.

—Sí, tú —la interrumpí—, tú quieres algo de mí, y ese algo pienso que son unos versos.

—Pero…

—Pero tú misma los haces, cierto, lo sé bien.

—¡Yo hacer versos!

—Lo he visto. Debes tenerlos en la memoria, vuelve a escribirlos. ¿Quieres que entre los dos los limemos?

—¡Si no valían para nada!

—¡Toma! Lo has confesado —buenos o malos—, versos eran las líneas que vi en la pizarra.

Eloísa volvió a morderse el labio y a bajar los ojos.

—Estás confesa y convicta —continué—; ahora quiero decirte que me es fácil, muy fácil adivinar qué clase de versos eran.

—¡Cómo, señor!

—¡Como lo oyes, niña! ¿No eran versos amorosos?

—¡Ah! Usted dice cosas…

—¡Digo unas verdades! Mira, Eloísa, no perdamos tiempo y entendámonos. Tú y N… se amaban.

—Calle, ¡por Dios!

—¿Cómo he de callar, si es preciso que hable para que nos entendamos? Con que, ustedes se amaban, pero hace algún tiempo que no veo a N… por aquí.

Eloísa me tomó la diestra con ambas manos, que le temblaban, y la estrechó con fuerza; luego alzó los ojos llenos de lágrimas y me dijo:

—De veras. ¿Usted sabe mis cosas?

—Las tuyas y las de N… ¿No es verdad que has hallado en él alguna ingratitud?

—¡Mucha, mucha ingratitud!

—¿No es verdad, igualmente, que esta ingratitud te ha enfermado el alma?

—¡Ah, cierto!

—¿No es verdad, por último, que, enferma del alma, triste, casi despechada y apasionada cual nunca, quisieras dar salida al afecto que te ahoga expresándote en un lenguaje superior al común, en un lenguaje que armonice con tu estado moral, esto es, en el lenguaje de la poesía?

Eloísa volvió a apretarme la mano; pero esta vez añadió una sonrisa, y con ella y con la ardiente mirada me contestó que sí. Desterrados ya todo recelo y vergüenza, convencida de que podía fiar de mi amistad, Eloísa me refirió su historia; historia tejida de unas cuantas candorosas menudencias, de esas que tanto abundan en la época de la transición de la infancia a la adolescencia, cuando el corazón cree demasiado, ama incondicionalmente y se enoja contra quien le dice que sus ilusiones no son verdades.

Estábamos solos. La mamá y las hermanas de Eloísa habían salido a unas visitas; el papá estaba ya en su almacén y ella se quedó en su casa alegando indisposición, pero, en verdad, porque deseaba soledad y silencio para escribir sus versos.

—Con que, usted me los hace —me dijo—; para eso le he abierto mi pecho.

—Bueno; pero tú me vas comunicando tu sentimiento y tus ideas. Sabe que los poetas no somos otra cosa que instrumentos más o menos dóciles de las musas; hoy sé tú mi musa. Yo escribo los versos, mas el alma de ellos ha de ser infundida por ti.

Acercamos dos sillas al antepecho, pusimos sobre este la pizarra y, después de algunos minutos de una silenciosa concentración de nuestras facultades mentales, Eloísa me indicó lo que yo debía encerrar en la turquesa del metro.

Hecha la primera estrofa, le leyó, no le gustó y la borró. Díjome en qué consistía la falta; yo no había penetrado bien su pensamiento.

—Quiero mucha sencillez y mucha claridad —me dijo—,

porque yo no pienso que he sido siempre así.

Tenía razón y no repliqué.

Volví a escribir; leyó lo escrito.

—Ahora sí, exclamó, ¿sabe usted —continuó—, que esta estrofa es casi la misma que borré cuando usted vino a sorprenderme?

—¡Oh! Mucho me alegro. Adelante.

La segunda estrofa sufrió más reparos y borraduras que la primera.

Esto provenía, a mi juicio, de que mi musa quería versos, en lo posible, semejantes a los que en mala hora borró tan precipitadamente. Quedó satisfecha de estos versos, y con voz trémula y apasionada repitió cuatro veces:

*¡Ah! vuelve a ser lo que fuiste*
*lo que me quitaste, dame.*

Después de un momento de silencio en que tuvo el índice de la diestra tendido a lo largo de los apretados labios, señal de que en la cabeza hay un pensamiento rebelde, al cual es preciso traer a orden y concierto, me dijo:

—Con una estancia más habremos concluido; pero ¿sabe usted que no acierto a explicarle lo que deseo decir en ella?

Siguieron otros minutos de silencio. Yo no quise interrumpirla a fin de que Eloísa pudiese buscar a placer la manera de expresarse. Al cabo tomó el lápiz, acercó a sí la pizarra y escribió rápidamente.

—Mire —me dijo con encantadora sencillez—, ¿no está bueno así?

Había escrito la tercera octava. La leí y exclamé:

—¡Ah! ¡poetisa! Estos versos ¿no fueron también de los borrados cuando vine?

—Se parecen bastante. Pero lo que deseo es saber si están pasaderos.

—Están muy buenos; déjalos así como han salido de tu corazón, no los toques.

Eloísa rehizo, pues, la poesía borrada; para rehacerla yo no fui sino un pretexto: nada es mío en ella.

La repasamos despacio, pusímosle algunas comas y acentos, y luego la copié en mi cartera. Eloísa quedó en sacar otra copia para sí. Los versos son estos:

Me amaste cuando fui niña,
te amé cuando niño fuiste,
mi amor al tiempo resiste,
del tuyo ¿qué has hecho, di?
La juventud, encantada
estación de los amores,
por tu causa en sinsabores
hoy abunda para mí.

\* \* \*

El ser yo en amarte firme,
¿ocasión, ingrato, ha sido
a que en la tumba del olvido
sepultes nuestra pasión?
¡Ah! Vuelve a ser lo que fuiste.
Lo que me diste, dame;
¡haz que de nuevo se inflame
en mi amor tu corazón!

\* \* \*

Ámame, pero del modo
que me amaste en otros días:
ámame como solías
cuando fui tu único amor;
ámame, pero a mí sola
y mira, ni aun de este modo
podrás compensar en todo
de mi pasión el ardor.

No sé qué destino dio Eloísa a estos versos apasionados.

Las olas de la política me arrebataron lejos de ella en esos mismos días.

Dos meses después supe que N…, en cuyo corazón vulgar y duro no hicieron sin duda mella ninguna esos ardientes acentos, si acaso llegó a escucharlos, como lo creo, se casó con otra joven acaudalada.

No transcurrió medio año después de este suceso, cuando me sorprendió la dolorosa noticia de la muerte de Eloísa. Matóla una fiebre nerviosa, en el decir del médico que la medicinó; pero si yo hubiese estado allí, tal vez hubiera corregido la diagnosis; el facultativo no conocía, como yo, el corazón de la desdichada joven, en el fondo del cual estaba la enfermedad, que no en el sistema nervioso.

Hace poco estuve en la ciudad y averigüé por N…

—N… —me dijo un amigo— es el hombre más desgraciado del mundo; desde el día en que se casó no tiene momento de paz: su mujer es tonta, celosa y de un genio diabólico.

Eloísa había tenido su vengadora en su propia rival.

## UNA MAÑANA EN LOS ANDES

Eran las cuatro de la mañana y estábamos todos a caballo.

Antes de las seis coronaríamos la altura de los Andes occidentales, a donde nos proponíamos subir.

El frío era intenso, pues había caído bastante escarcha; pero en cambio ¡qué cielo tan limpio y espléndido!

La luna, rodeada de grupos de estrellas, cual un jefe victorioso en medio de sus guerrillas dispersas en inmenso campo, avanzaba majestuosa, como si fuese a buscar descanso tras las sombrías sierras que tenía delante.

No humeaban aún las cabañas de los labradores, que asemejaban gigantes aves acurrucadas y dormidas aquí y allá a diestra y siniestra del camino.

El silencio era profundo, e interrumpíanle solo el ruido de nuestra cabalgata, el ladrido de algún perro alarmado por él y el canto triste y monótono del gallo, que a largos intervalos sonaba en una lejana choza y que era contestado en otra, como el ¡alerta! del centinela de la soledad.

Jadeaban los caballos al avanzar por la empinada cuesta y el vapor de sus cuerpos sudorosos calentaba a los jinetes, algunos de los cuales buscaban también este beneficio en el cigarro, cuya punta brillaba como una luciérnaga.

Hablábamos poco, porque parecía que las palabras nos hacían perder algo de nuestro calor interno, y de ello teníamos miedo, ya que apenas contábamos con el exterior.

Estábamos casi entumecidos.

¡Qué sería al llegar a la cumbre!

¿Resistiríamos?

Sin duda: el espectáculo que nos proponíamos contemplar, las impresiones vivas, el entusiasmo calentaría nuestra alma, y el calor del alma comunica vida al organismo material.

El alma, incapaz de moverse y arder con los bellos y sublimes espectáculos de la naturaleza, con los prodigios del arte o con las violentas llamaradas de las pasiones, vive siempre en cuerpo de hielo.

Estábamos cerca del punto a que nos dirigíamos, y tras nosotros se hundía un abismo brumoso, limitado por el muro **ciclópeo**[122] de la cadena oriental de los Andes.

En el fondo del abismo, cada vez que un zigzag de la cuesta nos ponía frente a él, divisábamos en confusión fantástica los caseríos, las poblaciones, los huertos, el río, las colinas como figuras de un cuadro antiguo maltratado por el humo de los cirios y cubierto de polvo.

Parecía que íbamos surgiendo de ese caos, que íbamos huyendo de ese abismo, trepando por sus bordes, y que si alguna fuerza nos empujase rodaríamos y nos convertiríamos en átomos.

Un momento tuve miedo, y acudí a todas las fuerzas de mi espíritu y mi cuerpo para evitar el vértigo que me amenazaba.

Subíamos, subíamos, subíamos sin cesar, aunque gradualmente más y más despacio, a medida que decaían los bríos de las cabalgaduras.

Engañados por una ilusión óptica, creíamos que en vez de ser nosotros quienes íbamos ascendiendo, era la línea desigual de la cumbre de la montaña la que bajaba lentamente, como una ola inmensa que se iba aplanando.

Bajó al fin del todo, se aplanó… llegamos…

Pero apareció delante de nosotros otra línea: la silueta de la montaña se presentaba de nuevo, negra, confusa, desalentadora.

..............................

[122] Los cíclopes, aparte de su principal característica (poseer un solo ojo en mitad del rostro), contaban también con una enorme estatura. Por tanto, con este pasaje, el narrador quiere describir el gran tamaño de la Cordillera.

¡Habíamos trepado solo a la cima de una arruga de los Andes!

Sin embargo, no nos desalentábamos, porque el término de nuestra jornada estaba allí.

\* \* \*

El alba comenzaba.

La luna, cual **áncora**[123] de plata, se sumergía en los abismos del ocaso tras las dentadas cumbres de la montaña que semejaban olas de agitado mar, y difundía en su torno blanca, suave y vaporosa luz. Los antiguos griegos habrían dicho que era efluvio de la frente virginal de **Diana**[124].

Al oriente la línea que demarcaba el cielo y la cordillera se presentaba como inmensa serpiente de lomo tornasolado de oro y rosa, desde el cual se desprendían rayos vivos y trémulos en su arranque y que, desplegándose a medida que se elevaban al espacio, se desvanecían en su azul purísimo.

La luna había desaparecido al fin. Las estrellas, esas melancólicas pupilas del cielo, habían ido apagándose poco a poco al contacto de los dedos de la aurora.

La luz del día se aumentaba, haciéndolo todo visible en la superficie de la tierra. Iba a presentarse el rey de los astros.

La sierpe de oro y rosa del horizonte se había convertido en oleadas de fuego que partían de un punto en el que parecía reverberar una misteriosa fragua; en torno de este punto el cielo y la cima de la montaña palpitaban convulsos por algo extraordinario y divino que iba a presentarse.

Y no era, sin embargo, nada extraordinario: era una escena de todos los días: era el sol que iba a levantarse, como lo hace de siglos y siglos atrás, para decir a los hombres «vengo a recordaros que hay Dios; vengo a deciros que le debéis amor

...........................

[123] Ancla.

[124] Nombre romano de la diosa griega Ártemis. Esta diosa dominaba en las cacerías y se había impuesto la virginidad, a pesar de que fue requerida de amores por dioses y hombres.

y adoración».

Pero esa escena de todos los días la presenciábamos nosotros desde una grande altura, cobijados por un cielo limpio, puro, de transparencia cual no la hay en otras zonas, y rodeados de la soledad y del silencio propios para obligar al alma a la contemplación de las otras obras maravillosas de Dios.

\* \* \*

¡Qué espectáculo!

El fondo confuso del abismo que apenas divisábamos antes del alba se ha transformado a nuestros pies, allá, a una profundidad de dos mil metros, en una llanura inmensa.

Vemos en primer término un extenso y suave declivio, como la **fimbria**[125] de la cordillera en cuya altura nos hallábamos. Todo él está dividido en multitud de cuadrados, **cuadrilongos**[126] y otras figuras, que muestran distintas fases: aquí la tierra obscura volteada por la reja y que está pidiendo la simiente cuya vida ha de desarrollarse en su seno; allá el verde risueño de la sementera que lleva la esperanza al pecho del labrador; en otra parte el color de oro de la mies, pronta a entregarse a la hoz. Cabañas humeantes por todas partes: rediles blancos como trozos de nieve rodados por la montaña; yuntas que se preparan para la fatiga del día; hombres, mujeres, muchachos, que a tanta distancia nos parecen juguetillos de títeres que se mueven en varias direcciones. Los rumores de la vida que se agita en el llano suben débiles, vagos y confusos a sorprendernos en la región de la soledad y el silencio.

Sigue la llanura, ya ligeramente ondulada como la mar que comienza a enojarse con los aleteos del viento, ya interrumpida por redondas colinas que se alzan como los pechos de virgen yacente; ya cortado por las quiebras en cuyo fondo ruedan tumultuosos ríos, ya igual y en perfecto nivel como la superficie de un lago tranquilo.

..............................

[125] Borde u orla de un vestido.
[126] De forma rectangular.

Allá distinguimos el profundo barranco que nos oculta las ondas del Patate; delante vemos a trozos desiguales, y blanco y brillante el Ambato con su moldura de huertos verdes y risueños. Al Norte, una mancha parduzca salpicada de numerosos puntos bancos: es Latacunga. En torno de estas, otras manchas que nos indican las poblaciones **leonesas**[127]. Al frente, sobre la margen del Ambato, cual sobre **peana**[128] de plata, la ciudad a que el río presta su nombre. Y otros pueblos, y otras aldeas; y por todas partes las casas de las quintas y haciendas rodeada de pequeños bosques y resguardadas de tapias y en sus vecindades las eras enriquecidas de parvas piramidales que semejan piezas de ajedrez aguardando la mano que ha de moverlas.

La respiración de la noche lo ha cubierto todo de un vapor sutil y azulado. Parece que la naturaleza, salida apenas del sueño por las incitaciones de la luz, está todavía aperezada, en tanto que el hombre, aguijoneado por la necesidad que le impone la vida, se entrega ya a la actividad del trabajo.

La **lontananza**[129] es magnífica y sublime. ¡Alma creada para lo bello y lo grande, entrégate a la contemplación de las maravillas de Dios y vuela hacia Él! ¡Corazón, salta, agítate, canta!... ¡Oh! ¡Cuán pocas veces pueden los ojos del hombre recrearse en cuadro como este!

La gran cordillera es por todas partes el límite de la llanura. A sus faldas comienzan a levantarse grupos de nieblas como blancos fantasmas que surgen de las entrañas de la Tierra para indagar curiosos lo que hubiese acontecido durante la noche en el mundo. Aún no se divisan bien las protuberancias y las grietas de las serranías: los Andes no son todavía sino una inmensa mole negra y confusa; no son visibles sino las cascadas que bajan de sus cimas, y que entre las sombras, allá a tanta distancia, parecen aberturas por las cuales se escapa la luz del otro mundo.

..............................

[127] Antiguamente, se llamaba provincia de León a la actual provincia de Cotopaxi.
[128] Tarima o lugar elevado para apoyar algo.
[129] A lo lejos.

¡Cuánto monte de intensa altura! A nuestras espaldas el escarpado Casahuala, vestido de jirones de nieve que no alcanzan a cubrirle el negro y agrietado cuerpo; al Sur el Chimborazo, blanco desde su vertiginosa cumbre hasta sus amplias y tendidas faldas; delante de él las gigantes ruinas del Carihuairazo; a la izquierda las alturas de Cumbijín, cual oscuro túmulo que sustenta el cadáver de un titán envuelto en su blanca mortaja; atrás el Sangay, bramando siempre y coronado de un penacho de fuego; luego el Altar, que si antes fue cerro magnífico (Capac Urdu), hoy le queda la belleza de su misma regularidad y sus picachos siempre cándidos y resplandecientes; al Sureste el Tungurahua, que parece alzarse de los abismos en busca de las regiones de la luz; al Este el Quilindaña que, medio avergonzado, muestra apenas su cónica frente manchada de blanco y negro; y el famoso Cotopaxi, deleite de los ojos por su hermosura y terror de los corazones por sus iras; y el Antisana, uno de nuestros viejos volcanes de cuya actividad, que debió ser formidable, se ha perdido hasta la memoria; y el Puzhalagua, humillado por la vecindad del Cotopaxi, y el sombrío Rumiñahui de histórico nombre; y allá, muy lejos el Cayambe; y más acá el Pichincha, la montaña madre que arrulla en sus faldas a la ciudad de los Shyris; y más cerca aún El Corazón...

¡Cuánto monte de inmensa altura! ¡Cuánta belleza! ¡Cuánta sublimidad! ¿Dónde hay en el mundo espectáculo a este semejante?

Enhiestos, inmóviles, mudos, ahí están esos gigantes como que algo esperan; algo más bello y sublime que sus blancas moles; algo... un Dios que no tardará en presentarse.

¿Qué esperan? Lo mismo que espera el hombre, lo mismo que espera toda la naturaleza... Esperan al Sol.

Los oleajes de fuego del oriente, las reverberaciones de la fragua misteriosa que parecía arder tras la cordillera, son ya un foco de luz vivísima e indescriptible; olas de resplandor divino se dilatan por el cielo y comienzan a derramarse por las cimas de las montañas: ya el Chimborazo brilla como una masa ígnea, y los picos del Casahuala esplenden como colosales diamantes. El Tungurahua recibe por su faz que mira al Norte un baño de sol, y la sombra huye y se recoge a la faz del Sur. El Cotopaxi lo recibe por este lado y tiene suavemente sombreado el opuesto. El Quilindaña parece sonreír besado por los rayos del astro rey. La luz va descendiendo por el Chimborazo, y ya participan de ella las ruinas del Carihuairazo; ya se tiende sobre los pajonales que toman el aspecto de un inmenso manto de oro…

Las crestas de la cordillera oriental se estremecen; su color es de un oscuro vaporoso y la corona un filete de rojo azulado chispeante y deslumbrador; ese filete es de pocos instantes; parece recogerse en un solo punto por la tracción poderosa de una divinidad que es dueña de él.

Todas las miradas están fijas en ese punto; no nos movemos, no chistamos; reina el silencio en el aire, y en la tierra y en las montañas… ¡Momento inenarrable!… ¡El Sol! ¡Al fin el Sol! ¡Vedle! ¡Oh, cuán hermoso! ¡Cuán resplandeciente! ¡Cuán divino! Su luz inunda nuestras frentes y pechos y arroja atrás, angosta y prolongada la sombra de los cuerpos. Nuestros ojos no pueden resistir muchos segundos la viveza del resplandor y los sombreamos haciendo viseras de las manos. Un grito de entusiasmo se ha escapado de nuestros corazones, que participan de la alegría de toda la naturaleza. Todo se anima, ríe, canta y saluda al padre de la luz.

¡Salve, oh Sol! Justa fue la adoración que te rendían los Incas y los Shyris: si tenían cerrados los ojos del alma no podían contemplar a Dios en las regiones del espíritu, ¿a qué otro ser con más razón que a ti pudieron dedicar su amor, veneración y culto?

\* \* \*

Todavía estábamos embebecidos en la contemplación del nacimiento del más bello de los astros, cuando uno de los pajes me tomó el hombro, y con el rostro iluminado por el contento y en voz callada y misteriosa, me dijo, señalándome una colina cercana:

213

—¡Patrón, allí!

—¿Qué hay allí?

—Un venado hermosísimo.

—¡Un venado! Vamos.

Tomé la escopeta y seguí al punto al paje.

Este hizo inconscientemente el oficio de un diablo tentador; la tentación vino de súbito, y no reflexioné, como no había reflexionado otras muchas veces en casos análogos.

¿Qué iba a hacer yo?...

En medio de la escena de vida, belleza y esplendor de la naturaleza, ¿faltaba por ventura la muerte para completar tan magnífico cuadro?

¡Oh! si me hubiese hecho yo mismo esta pregunta cuando, con la escopeta al hombro, trepaba la colina…

A la caída opuesta, a doscientos metros de distancia, brillaba un charco como un redondo espejo encajado en moldura de esmeralda. A su margen y de pie se hallaba un corpulento y gallardo ciervo que lucía su cornamenta de múltiples puntas como una corona magnífica. Junto a él su fiel compañera, de frente desarmada en señal de sumisión y de que a nadie ofenderá jamás, ora se volvía a mirarle, ora tendía el cuello hacia el charco, quizás para contemplar en él su hermosa imagen, ora arrancaba la fresca grama y masticaba tranquilamente. Sin duda allí pasaron juntos la noche, y se recrearon también con las bellezas de la aurora, con el esplendor del nacimiento del Sol, con la alegría y las risas de la naturaleza al despertarse y comenzar un nuevo día. ¿Por qué no? ¿Sabemos, por ventura, que los animales son insensibles a la belleza, y que gozarla es privilegio exclusivo del ser racional?

El cuadro que yo tenía delante era digno de los pinceles de un artista y de los versos de un poeta. El artista y el poeta tenían derecho sobre él, como lo tienen sobre toda belleza; yo… me arrogaba un derecho feroz: ¡el derecho de destruir la obra de la naturaleza!

Me agazapé, me acerqué algún tanto, tendí el arma, afiné la puntería, disparé…

El ciervo dio a un tiempo un rugido y un salto, y cayó de

lomos, y batió desesperadamente las patas en las ansias de la muerte y huyó con velocidad de una ráfaga.

Yo y el paje corrimos a apoderarnos de la presa. El infeliz ciervo agonizaba en el momento en que nos acercamos. Manaba su pecho humeante sangre; entre el trémulo aliento percibíase un quejido breve y apagado, y la mirada tristísima de mi víctima se clavó en mí. Mirada de reconvención, de queja amarguísima que me penetró el alma; ella me descubrió que yo acababa de cometer una mala acción. ¿Por qué la cometí? ¿Qué necesidad tuve de quitar la vida a ese inocente e inofensivo morador de los páramos? ¿No era él con su tierna gama parte del cuadro que había puesto Dios allí para que lo admirásemos y no para que fuese bárbaramente descabalado por un placer caprichoso e injustificable?

Sí, la mirada del ciervo moribundo fue un elocuente lenguaje: me reconvino, se quejó, me acusó ante mi propia conciencia. Me apesaré y arrepentí, y maldije la tentación a que me arrastró mi paje. El ciervo triunfó de mí al morir: murió vengado.

Mis compañeros celebraron mi destreza de cazador y recibieron con júbilo el cadáver de mi víctima; pero mi contento de toda la mañana se había desvanecido. Me parecia que el sol y todos los objetos de la naturaleza reprobaban mi acción indigna para con un hijo de ella.

Habíamos vuelto de nuestra excursión matutina. El resto del día lo pasé de muy mal humor y triste. Por la noche me encerré en mi gabinete, acompañado de la imagen del ciervo mirándome con ojos tristes y moribundos que me reconvenían, que me acusaban. Quise desahogarme algún rato y escribí el soneto, ya conocido de mis lectores.

## El ciervo

*Allá en la altura del Yahual desierta,*
*en compañía de su hermosa gama,*
*pace un ciervo las flores y la grama,*
*de que la faz del monte está cubierta.*

El alma al gozo y a la paz abierta,
seguro del amor que a su hembra inflama,
de aquella soledad el rey se aclama,
y juzga ufano su ventura cierta.

¿Qué tiene que temer? ¿A quién mal ha hecho?
¿Qué ajeno bien los dones arrebatan
que natura le dio con larga mano?...

¡Pom!... Un tiro... Y el ciervo, roto el pecho,
cae a no alzarse más. —¿Por qué le matan?
—¡Ay! Porque es el matar placer humano.

# ÍNDICE

# TÍTULOS PUBLICADOS EN "ARIEL, CLÁSICOS ECUATORIANOS"